政治协商工作
相关规定学习手册

第二版

中国法制出版社

编辑说明

中国人民政治协商会议是中国人民爱国统一战线的组织，是中国共产党领导的多党合作和政治协商的重要机构，是我国政治生活中发扬社会主义民主、实践全过程人民民主的重要形式，是社会主义协商民主的重要渠道和专门协商机构，是国家治理体系的重要组成部分，是具有中国特色的制度安排。团结和民主是中国人民政治协商会议的两大主题。

2023 年 3 月 11 日，中国人民政治协商会议第十四届全国委员会第一次会议通过了《中国人民政治协商会议章程修正案》。这次政协章程的修改，对于坚持中国共产党的全面领导，坚持和完善中国共产党领导的多党合作和政治协商制度，践行全过程人民民主，巩固和发展最广泛的爱国统一战线，把人民政协制度坚持好、把人民政协事业发展好，具有重要意义。

本书以修订后的《中国人民政治协商会议章程》以及与政治协商工作相关的规定为主要依据，介绍了政治协商工作的一些基本知识，包括中国共产党的政治协商工作、人民政协会议工作、政协全国委员会主要工作，并附录与政治协商工作相关的规定，供读者进一步学习使用。

由于编写水平有限，书中如有疏漏和不足之处，敬请读者批评指正！

目　录

一、中国共产党的政治协商工作

二、人民政协会议工作

三、政协全国委员会主要工作

附　录

一、中国共产党的政治协商工作

政治协商是中国共产党领导的多党合作和政治协商制度的重要组成部分，是社会主义协商民主的重要形式，是凝聚智慧、增进共识、促进科学民主决策的重要途径。

政治协商的基本方式是：（1）中国共产党同各民主党派、无党派人士直接开展的协商，简称政党协商；（2）中国共产党在人民政协同各民主党派和各界代表人士开展的协商，简称人民政协政治协商。

（一）政治协商工作的组织领导和职责

1. 党中央对政治协商工作的领导

党中央对政治协商工作实行集中统一领导，统一制定政治协商工作大政方针，研究决定事关政治协商工作全局和长远发展的重大事项，保证政治协商始终坚持正确政治方向。党中央组织开展中央层面的政党协商，领导和支持全国政协依照《中国人民政治协商会议章程》和有关规定做好政治协商工作。

2. 地方党委在政治协商工作中的主要职责

地方党委在政治协商工作中的主要职责是：（1）贯彻落实

党中央关于政治协商工作的方针政策和决策部署以及上级党委工作要求，指导下级党组织做好政治协商有关工作；（2）把政治协商工作纳入党委重要议事日程，及时研究解决政治协商工作中的重要问题；（3）按照规定与同级民主党派组织、无党派人士开展政党协商，领导和支持本级政协做好政治协商工作；（4）支持民主党派、无党派人士提高政治协商能力，更好履行职责、发挥作用。

3. 党委统战部在政治协商工作中的主要职责

党委统战部在政治协商工作中的主要职责是：（1）贯彻落实党中央关于政治协商工作的方针政策和决策部署以及上级党委、同级党委工作要求；（2）受党委委托，组织开展政党协商，向党委请示报告政党协商工作并提出意见建议；（3）完成党委交办的政治协商其他有关工作。

4. 政协党组在人民政协政治协商工作中的主要职责

政协党组在人民政协政治协商工作中的主要职责是：（1）贯彻落实党中央关于政治协商工作的方针政策和决策部署以及上级党委、同级党委工作要求，依规依章程组织开展人民政协政治协商工作；（2）坚持民主集中制，严格执行重大事项请示报告制度，重要协商活动报经党委批准，执行落实情况及时向党委报告；（3）加强政协委员队伍建设，引导委员深入学习党的理论和路线方针政策，认真履行协商职责，切实提高协商能力，发挥党员委员在政治协商中的政治引领作用；（4）完成党委交办的人民政协政治协商其他有关工作。

（二）政治协商对象和内容

1. 政党协商的对象

政党协商的对象是：（1）民主党派；（2）无党派人士。工商联应邀参加政党协商。

2. 人民政协政治协商的对象

人民政协政治协商的对象是参加政协的各有关方面，包括：（1）民主党派；（2）无党派人士；（3）人民团体；（4）其他各界代表人士。

3. 政党协商主要内容

政党协商主要内容是：（1）中国共产党全国和地方各级代表大会、党中央以及地方党委有关重要文件的制定、修改；（2）宪法的修改建议，有关重要法律的制定、修改建议，有关重要地方性法规的制定、修改建议；（3）关系国民经济和社会发展的有关重大问题；（4）换届时人大常委会、政府、政协领导班子成员和监察委员会主任、法院院长、检察院检察长的建议人选；（5）关系统一战线和多党合作的重大问题。

4. 人民政协政治协商主要内容

人民政协政治协商主要内容是：（1）列入政协全体会议议程的重要事项；（2）国家方针政策和地方重要举措，经济建设、政治建设、文化建设、社会建设、生态文明建设重要问题；（3）有关统一战线的重要问题。

（三）政治协商活动筹备和开展

各级党委加强对政治协商活动的研究部署，统筹安排政党协商和人民政协政治协商，增强协商活动计划性，提高协商议题针对性，支持各方面做好协商准备。

1. 政党协商

（1）提出政党协商年度计划。政党协商年度计划由党委办公厅（室）会同党委统战部在听取有关部门、民主党派组织、无党派人士意见建议的基础上研究提出，经党委常委会会议审议通过后，通报同级民主党派组织。

（2）开展年度重点考察调研。根据政党协商年度计划，同级民主党派组织、无党派人士就经济社会发展重要问题开展年度重点考察调研，由党委统战部组织实施并做好统筹协调；支持民主党派组织、无党派人士结合自身特色以及政党协商年度计划内容开展经常性考察调研，形成调研成果，为协商活动提供参考。

（3）制定具体工作方案。党委办公厅（室）会同党委统战部，根据政党协商年度计划制定具体工作方案。党委统战部会同有关部门提前组织民主党派组织负责同志、无党派代表人士阅读文件，通报有关情况。

2. 人民政协政治协商

（1）提出年度协商议题安排。政协党组就人民政协政治协商议题征求有关方面意见后，提出年度协商议题安排，形成年度协商计划草案，报党委常委会会议确定，并按照程序审议通过后实施。

（2）围绕协商议题开展调研。各级党委和政府支持政协围绕协商议题开展调研。根据工作需要，可以安排有关党政机关在政协考察调研时介绍情况，与委员交换意见，共同进行研究。重要调研成果报党委以及有关部门。

（3）制定具体工作方案。人民政协政治协商活动具体工作方案应当根据批准的年度协商计划制定。议题涉及的有关法律法规和政策措施等书面材料可以视情提前印发，供参加协商的各方参阅。

3. 政治协商活动开展

各级党委应当按照形式与内容相匹配的要求，合理运用协商形式，保证协商活动有序开展。在政治协商活动中，应当鼓励和支持参加协商的各方讲真话、建诤言，加强互动交流，营造宽松民主和谐的协商氛围。

4. 各级党委开展政党协商的形式

各级党委主要通过以下形式开展政党协商：

（1）会议协商。党委负责同志主持召开专题协商座谈会、人事协商座谈会、调研协商座谈会和其他协商座谈会，听取同级民主党派组织、无党派代表人士的意见建议。

（2）约谈协商。党委负责同志可以根据需要，不定期邀请同级民主党派组织负责同志、无党派代表人士就共同关心的问题当面沟通情况、交换意见，或者应同级民主党派组织主要负责同志约请，个别听取意见。

（3）书面协商。党委可以就有关重要文件、重要事项书面征求同级民主党派组织、无党派人士的意见建议，民主党派组织、无党派人士以书面形式反馈协商意见。支持民主党派组织及其负责同志以书面形式直接向同级党委反映情况、提出意见建议。

5. 开展人民政协政治协商的形式

各级党委支持政协主要通过以下形式开展人民政协政治协商：

（1）全体会议。中央政治局常委同志等应邀出席全国政协全体会议，同委员共商国是；地方党委负责同志等应邀出席地方政协全体会议，参加讨论，听取意见建议。

（2）专题议政性常务委员会会议。党委和政府有关负责同志应邀出席有关常务委员会会议并作报告，听取意见并根据需要进行互动交流。

（3）专题协商会。党委和政府有关负责同志应邀出席专题协商会并发表意见，有关部门负责同志介绍情况，开展互动交流。

（4）协商座谈会。根据情况采取相应的协商形式，由政协主席或者副主席、专门委员会负责同志主持。与议题有关的部门负责同志应邀到会介绍情况、听取并交流意见。

（四）政治协商成果运用和反馈

各级党委应当重视协商意见研究办理，可以结合实际建立健全政治协商成果运用和反馈制度，重要协商成果可以作为决策参考。

党委办公厅（室）会同党委统战部梳理汇总政党协商意见，视情交付有关部门研究办理，办理情况按照规定反馈同级民主党派组织、无党派代表人士。

政协党组按照规定梳理形成人民政协政治协商活动成果，重要协商活动成果报送党委。党委和政府负责同志对有关部门落实协商成果有明确要求的，党委和政府办公厅（室）应当加强督促检查，并将落实情况抄送同级政协办公厅（室）。

二、人民政协会议工作

中国人民政治协商会议是中国共产党把马克思列宁主义统一战线理论、政党理论、民主政治理论同中国具体实际相结合、同中华优秀传统文化相结合的伟大成果，是中国共产党领导各民主党派、无党派人士、人民团体和各族各界人士在政治制度上进行的伟大创造。

中国人民政治协商会议是中国人民爱国统一战线的组织，是中国共产党领导的多党合作和政治协商的重要机构，是我国政治生活中发扬社会主义民主、实践全过程人民民主的重要形式，是社会主义协商民主的重要渠道和专门协商机构，是国家治理体系的重要组成部分，是具有中国特色的制度安排。团结和民主是中国人民政治协商会议的两大主题。

（一）组织设置

中国人民政治协商会议设全国委员会和地方委员会。中国人民政治协商会议全国委员会对地方委员会的关系和地方委员会对下级地方委员会的关系是指导关系。中国人民政治协商会议全国委员会和地方委员会，依法维护其参加单位和个人依照《中国人民政治协商会议章程》履行职责的权利。

1. 委员会组成

中国人民政治协商会议全国委员会由中国共产党、各民主党派、无党派人士、人民团体、各少数民族和各界的代表，香港特别行政区同胞、澳门特别行政区同胞、台湾同胞和归国侨胞的代表以及特别邀请的人士组成，设若干界别。

中国人民政治协商会议地方委员会的组成，根据当地情况，参照全国委员会的组成决定。

2. 工作原则

中国人民政治协商会议全国委员会和地方委员会的工作原则是：坚持中国共产党领导，坚持人民政协性质定位，坚持大团结大联合，坚持发扬社会主义民主。

3. 主要职能

中国人民政治协商会议全国委员会和地方委员会的主要职能是政治协商、民主监督、参政议政，要把加强思想政治引领、广泛凝聚共识贯穿履职工作之中。

（1）政治协商是对国家大政方针和地方的重要举措以及经济建设、政治建设、文化建设、社会建设、生态文明建设中的重要问题，在决策之前和决策实施之中进行协商。中国人民政治协商会议全国委员会和地方委员会可根据中国共产党、人民代表大会常务委员会、人民政府、民主党派、人民团体的提议，举行有各党派、团体的负责人和各族各界人士的代表参加的会议，进行协商，亦可建议上列单位将有关重要问题提交协商。

（2）民主监督是对国家宪法、法律和法规的实施，重大方针政策、重大改革举措、重要决策部署的贯彻执行情况，涉及人民群众切身利益的实际问题解决落实情况，国家机关及其工作人员的工作等，通过提出意见、批评、建议的方式进行的协商式监督。

（3）参政议政是对政治、经济、文化、社会生活和生态环境等方面的重要问题以及人民群众普遍关心的问题，开展调查研究，反映社情民意，进行协商讨论。通过调研报告、提案、建议案或其他形式，向中国共产党和国家机关提出意见和建议。

4. 议案通过条件

中国人民政治协商会议全国委员会和地方委员会全体会议的议案，应经全体委员过半数通过。常务委员会的议案，应经常务委员会全体组成人员过半数通过。各参加单位和个人对会议的决议，都有遵守和履行的义务。如有不同意见，在坚决执行的前提下可以声明保留。

（二）委员

1. 委员应具备的条件

中国人民政治协商会议全国委员会委员和地方委员会委员应热爱祖国，拥护中国共产党的领导和社会主义事业，维护民族团结和国家统一，遵守国家的宪法和法律，保守国家秘密，廉洁自律，在本界别中有代表性，有社会影响和参政议政能力。

2. 委员享有的权利

中国人民政治协商会议全国委员会委员和地方委员会委员应当依照《中国人民政治协商会议章程》积极履行职责，认真行使权利。

中国人民政治协商会议全国委员会委员和地方委员会委员，在本会会议上有表决权、选举权和被选举权；有对本会工作提出意见、批评、建议的权利。

3. 委员应履行的职责

中国人民政治协商会议全国委员会委员和地方委员会委员要坚持为国履职、为民尽责，密切联系群众，了解和反映他们的愿望和要求，参加本会组织的会议和活动。

4. 委员应注意的事项

中国人民政治协商会议全国委员会委员和地方委员会委员应当正确处理个人职业活动与履行职责的关系，不得利用委员身份牟取个人、小团体和特定关系人的利益。

对严重损害国家和人民利益的，因严重违纪违法被给予组织处理、处分或被判刑以及涉嫌违纪违法正在接受调查处理的，在身份上弄虚作假的等，不得提名或继续提名为委员人选。

因工作变动或其他原因不宜继续担任委员的，本人应当辞去委员。对违反社会道德或存在与委员身份不符行为的，应当及时约谈或函询，经提醒仍不改正的，应当责令其辞去委员。

对违纪违法的委员，中国人民政治协商会议全国委员会常务委员会或地方委员会常务委员会应当依照法律和有关规定作出相应处理。常务委员会组成人员违纪违法的，可由常务委员会依照法律和有关规定作出处理决定，针对不同情形，相关处理决定待召开全体会议予以追认。

（三）全国委员会

每届中国人民政治协商会议全国委员会的参加单位、委员名额和人选及界别设置，经上届全国委员会主席会议审议同意后，由常务委员会协商决定。

每届全国委员会任期内，有必要增加或者变更参加单位、委员名额和决定人选时，经本届主席会议审议同意后，由常务委员会协商决定。

1. 全国委员会任期

中国人民政治协商会议全国委员会每届任期五年。如遇非常情况，由常务委员会以全体组成人员的三分之二以上的多数通过，得延长任期。

2. 组成人员

中国人民政治协商会议全国委员会设主席，副主席若干人和秘书长。

3. 全国委员会全体会议举行时间

中国人民政治协商会议全国委员会全体会议每年举行一次。常务委员会认为必要时，得临时召集。

4. 全国委员会全体会议行使的职权

中国人民政治协商会议全国委员会全体会议行使下列职权：（1）修改中国人民政治协商会议章程，监督章程的实施；（2）选举全国委员会的主席、副主席、秘书长和常务委员，决定常务委员会组成人员的增加或者变更；（3）协商讨论国家的大政方针以及经济建设、政治建设、文化建设、社会建设、生态文明建设中的重要问题，提出建议和批评；（4）听取和审议常务委员会的工作报告、提案工作情况报告和其他报告；（5）讨论本会重大工作原则、任务并作出决议。

5. 全国委员会常务委员会组成人员

中国人民政治协商会议全国委员会设常务委员会主持会务。常务委员会由全国委员会主席、副主席、秘书长和常务委员组成，其候选人由参加中国人民政治协商会议全国委员会的各党派、团体、各民族和各界人士协商提名，经全国委员会全体会议选举产生。常务委员会每年至少举行两次专题议政性会议。

全国委员会设副秘书长若干人，协助秘书长工作。设立办公厅，在秘书长领导下进行工作。

6. 全国委员会常务委员会行使的职权

全国委员会常务委员会行使下列职权：（1）解释中国人民政治协商会议章程，监督章程的实施；（2）召集并主持中国人民政治协商会议全国委员会全体会议；每届第一次全体会议前召开全体委员参加的预备会议，选举第一次全体会议主席团，由主席团主持第一次全体会议；（3）组织实现中国人民政治协商会议章程规定的任务；（4）执行全国委员会全体会议的决议；（5）全国委员会全体会议闭会期间，审查通过提交全国人民代表大会及其常务委员会或国务院的重要建议案；（6）协商决定全国委员会委员；（7）根据秘书长的提议，任免中国人民政治协商会议全国委员会副秘书长；（8）决定中国人民政治协商会议全国委员会工作机构的设置和变动，并任免其领导成员。

7. 全国委员会常务委员会组成人员工作分工

全国委员会主席主持常务委员会的工作。副主席、秘书长协助主席工作。主席、副主席、秘书长组成主席会议，处理常务委员会的重要日常工作。主席会议受常务委员会的委托，主持下一届第一次全体会议预备会议。

（四）地方委员会

省、自治区、直辖市设中国人民政治协商会议的省、自治区、直辖市委员会；自治州、设区的市、县、自治县、不设区的市和市辖区，凡有条件的地方，均可设立中国人民政治协商会议各该地方的地方委员会。

每届中国人民政治协商会议地方委员会的参加单位、委员名额和人选及界别设置，经上届地方委员会主席会议审议同意后，由常务委员会协商决定。每届地方委员会任期内，如有必要增加或者变更参加单位、委员名额和决定人选，经本届地方委员会主席会议审议同意后，由常务委员会协商决定。

1. 任期

中国人民政治协商会议各级地方委员会每届任期五年。

2. 组成人员

中国人民政治协商会议各级地方委员会设主席，副主席若干人和秘书长。

3. 举行时间

中国人民政治协商会议各级地方委员会的全体会议每年至少举行一次。

4. 全体会议行使的职权

中国人民政治协商会议各级地方委员会全体会议行使下列职权：（1）选举地方委员会的主席、副主席、秘书长和常务委员，决定常务委员会组成人员的增加或者变更；（2）听取和审议常务委员会的工作报告、提案工作情况报告和其他报告；（3）讨论并通过有关的决议；（4）参与对国家和地方事务的重要问题的讨论，提出建议和批评。

5. 组成人员

中国人民政治协商会议各级地方委员会设常务委员会主持会务。常务委员会由地方委员会主席、副主席、秘书长和常务委员组成，其候选人由参加各该地方委员会的各党派、团体、各民族和各界人士协商提名，经全体会议选举产生。

中国人民政治协商会议各级地方委员会可以按照需要设副秘书长一人至数人，协助秘书长进行工作。

6. 地方委员会常务委员会行使的职权

中国人民政治协商会议地方委员会常务委员会行使下列职权：（1）召集并主持地方委员会全体会议；每届第一次全体

会议前召开全体委员参加的预备会议，选举第一次全体会议主席团，由主席团主持第一次全体会议；（2）组织实现中国人民政治协商会议章程规定的任务和全国委员会所作的全国性的决议以及上级地方委员会所作的全地区性的决议；（3）执行地方委员会全体会议的决议；（4）地方委员会全体会议闭会期间，审议通过提交同级地方人民代表大会及其常务委员会或人民政府的重要建议案；（5）协商决定地方委员会委员；（6）根据秘书长的提议，任免地方委员会的副秘书长；（7）决定地方委员会工作机构的设置和变动，并任免其领导成员。

7. 地方委员会常务委员会组成人员工作分工

中国人民政治协商会议各级地方委员会的主席主持常务委员会的工作。副主席、秘书长协助主席工作。主席、副主席、秘书长组成主席会议，处理常务委员会的重要日常工作。主席会议受常务委员会的委托，主持下一届第一次全体会议预备会议。

三、政协全国委员会主要工作

（一）政协全国委员会提案工作

提案是政协委员，参加政协的各党派、各人民团体，政协各专门委员会，政协全体会议期间的界别、委员小组，向政协全体会议或者常务委员会提出并交提案审查委员会或者提案委员会审查的书面意见和建议。经审查立案的提案，交承办单位办理并作出书面答复。

提案是履行人民政协职能的重要方式，是坚持和完善中国共产党领导的多党合作和政治协商制度的重要载体，是发扬中国特色社会主义民主的重要形式，是协助中国共产党和国家机关实现决策民主化、科学化的重要渠道。

每届政协第一次会议成立提案审查委员会，由主任、副主任和委员若干人组成，成员从本届政协委员中产生，由第一次会议预备会议决定，负责第一次会议期间提案的审查工作，并向全体会议报告提案审查情况。

1. 提案的提出方式

（1）政协全国委员会委员，可以个人名义或者联名方式提出提案，联名提案者须出于自愿。

（2）政协全体会议期间，可以界别、委员小组或者联组名义提出提案。

（3）参加政协全国委员会的各党派、人民团体，可以本党派、团体名义提出提案。

（4）政协全国委员会各专门委员会，可以本专门委员会名义提出提案。

2. 提案的基本要求

（1）提案应当围绕党和国家大政方针、中心工作，坚持问题导向，聚焦社会主义经济建设、政治建设、文化建设、社会建设、生态文明建设中的重要问题，人民群众普遍关心的问题，以及爱国统一战线的其他重要问题，在深入调查研究基础上提出。

（2）提案应当坚持严肃性、科学性、可行性，须一事一案，实事求是，简明扼要，有情况、有分析、有具体建议。

（3）提案的提出注重质量不比数量。

3. 提案提出的时间

提案可以在政协全体会议期间提出，也可以在闭会期间提出。

提案委员会应当加强闭会期间的提案征集工作。提案者应当重视在闭会期间提出提案，可将有关调研报告，在政协全体会议、常务委员会会议、专题协商会、双周协商座谈会上的发言，以及网络议政、远程协商的成果转化为提案，也可以通过委员履职移动平台提交提案。

4. 提案的审查

提案审查委员会或者提案委员会本着尊重和维护提案者的民主权利、保证提案质量的原则，对收到的提案进行审查。

5. 确定承办单位

经审查立案的提案，应当根据提案的内容和有关单位的职责分工协商确定承办单位。凡涉及两个或者两个以上承办单位办理的提案，应当确定主办单位和会同办理单位或者分别办理单位。

政协全体会议期间，经审查立案的提案，由政协全国委员会召开提案交办会议，按归口管理的原则，集中送交有关单位承办；政协全体会议闭会期间，经审查立案的提案，由提案委员会及时送交有关单位承办。

6. 并案处理

对内容相同且符合立案标准的提案，作并案处理，原提案第一提案者均为并案后提案的第一提案者。并案处理情况应当及时告知提案者。

7. 提案不予立案的情形

有下列情形之一的提案，不予立案：（1）违反宪法和法律规定的；（2）涉及党和国家秘密的；（3）中共党员对党内有关组织、人事安排等方面有意见的；（4）民主党派成员反映本组织内部问题的；（5）进入民事、刑事、行政诉讼程序或者行政复议、仲裁程序的；（6）属于学术研讨的；（7）为本人或者亲属解决个人问题的；（8）宣传、推介具体作品、产品的；（9）指名举报的；（10）涉及纪检监察机关正在审查和调查的涉嫌违纪违法问题的；（11）内容空泛、没有具体建议的。

不予立案的，应当与提案者及时沟通协商并书面告知，视情以意见和建议等形式转送有关部门参阅，提案者也可修改完善后重新提交。

8. 提案的办理

承办提案的中央和国家机关有关部门、中央军委有关部门，各省、自治区、直辖市中共党委和人民政府，有关人民团体等，根据国家法律法规、政策和有关规定办理提案，并对立案的提案向提案者作出书面答复。

（1）提案办理工作应当健全制度，严格程序，保证质量。承办单位应当在规定的时限内对提案进行答复。对提案的答复应当按规定的格式行文，并加盖公章。对不予采纳的，要说明情况。

（2）委员个人的提案，办理复文寄送委员本人；委员联名的提案，办理复文寄送第一提案者；党派、人民团体、政协专门委员会的提案，办理复文寄送提案单位；界别、委员小组或者联组的提案，办理复文寄送联系人。中共中央有关部门承办的提案，办理复文抄送中共中央办公厅；中央国家机关有关部门承办的提案，办理复文抄送国务院办公厅。所有办理复文均须抄送政协全国委员会提案委员会。

（3）涉及两个或者两个以上单位会同办理的提案，主办单位应当主动协商，会同办理单位应当积极配合，及时将会同办理意见告主办单位，由主办单位答复提案者；分别办理的提案，由各承办单位分别答复提案者。

（4）在办理提案过程中，提案者可以通过提案委员会了解有关提案办理情况，参与提案的办理。在收到办理复文后，应当及时向提案委员会反馈意见。

（5）承办单位应当将沟通协商作为提案办理的必要环节，与提案者共商解决问题的办法，并征询对办理复文的意见。如提案者对办理结果不满意，提案委员会应建议承办单位重新研究，作出进一步的解释说明或者重新答复。

9. 重点提案的遴选

对反映党和政府亟待解决、人民群众普遍要求改进的问题的，对推动工作有重要作用并具有较强可行性的提案，可以选作重点提案。重点提案的遴选与督办由政协全国委员会办公厅统筹协调，各专门委员会分工协作，提案委员会组织实施。

重点提案从大会期间及闭会后立案的提案中遴选，数量为立案提案总数的1%左右。其中，各民主党派中央和全国工商联、政协各专门委员会、政协界别、界别小组的重点提案数量，原则上不少于重点提案总数的30%。

10. 重点提案的标准

重点提案必须是反映情况真实，分析问题深刻，建议明确具体、可行性较强的提案，且符合下列标准之一：

（1）围绕党和政府中心工作，反映经济社会发展和改革中的重要问题。

（2）全局性、前瞻性、战略性较强，对宏观决策和长远规划具有重要参考价值。

（3）政协委员高度关注，有利于推动解决人民群众普遍关心的实际问题。

11. 重点提案遴选程序

重点提案按照以下程序遴选：

（1）推荐。政协全体会议闭幕后，提案委员会及时将立案提案送各民主党派中央和全国工商联、各专门委员会。各民主党派中央和全国工商联从中各自推荐2~3件提案。各专门委员会根据本委员会所涉及的专业领域进行推荐，数量不超过本委员会所涉专业领域提案数的1%，同时结合年度工作，推荐1~2件提案，作为本委员会牵头督办的重点提案。

（2）初选。政协提案交办会后，提案委员会组织召开有提案委员会主任、副主任、委员，各专门委员会、各民主党派中央和全国工商联、相关承办单位的负责同志参加的全国政协重点提案选题协商会，对各方面推荐的重点提案进行协商，研究确定重点提案题目和督办方式（草案）。重点提案题目和督办方式（草案）由提案委员会主任会议、全体会议审议后，以书面形式征求相关承办单位意见。

（3）审定。重点提案题目和督办方式由政协全国委员会主席办公会议审定，以政协全国委员会办公厅文件印发。

12. 重点提案督办方式

重点提案采取专题调研、视察、提案办理协商会、《重要提案摘报》等方式进行督办。督办题目可以是单件重点提案，也可以是广泛关注的一个方面的若干提案。

（1）以专题调研或视察方式开展的重点提案督办活动，由提案委员会或与相关专门委员会、政协全国委员会办公厅有关部门联合组织实施。督办情况形成调研报告或视察报告，由政协全国委员会办公厅送中共中央办公厅、国务院办公厅。督办活动应邀请提案者、提案承办单位有关部门的负责同志和有关专家学者参与。提案委员会应做好督办活动的协调服务工作。

（2）以提案办理协商会方式开展的重点提案督办活动，由提案委员会组织实施。协商情况以《重要提案摘报》的方式送中共中央办公厅、国务院办公厅，或以《专门委员会简报》形式反映。

（3）重点提案中的主要意见和建议，由提案委员会以《重要提案摘报》的方式送中共中央办公厅、国务院办公厅。

13. 优秀提案的评选条件

优秀提案的评选条件为：（1）选题准确，围绕国家经济社会发展中的重要问题，人民群众普遍关心的问题，以及爱国统一战线的其他重要问题建言献策。（2）针对性强，反映情况真实，分析问题深入，提出建议具体，具备严肃性、科学性、可行性。（3）成效显著，对宏观决策、长远规划有重要参考价值。对改进工作有明显作用。

对于优秀提案、先进承办单位和先进承办个人，政协全国委员会应当给予表彰。优秀提案、先进承办单位和先进承办个人的评选应当发扬民主，广泛征求意见。优秀提案由承办单位推荐或者提案者自荐；先进承办单位由提案者推荐；先进承办个人由承办单位推荐。推荐结果经提案委员会主任会议、全体会议初选后，报请主席会议审定。

14. 先进承办单位的评选条件

先进承办单位的评选条件为：（1）办理提案坚持实事求是，做得到的认真负责办理，做不到的直截了当给予答复。（2）办理工作有领导负责，有专人承办；制度健全、程序规范，按时限书面答复提案者；及时进行提案综合分析和办理工作总结。（3）采取多种方式与提案者进行沟通协商，积极推动办理落实。（4）办理工作成效明显，对应当解决并有条件解决的及时予以解决，多数提案者对办理工作表示满意。

15. 先进承办个人的评选条件

先进承办个人的评选条件为：（1）对待提案办理工作态度积极、认真负责、严谨细致。（2）工作有思路、有举措、有创新，能够按时高质量完成办理任务，业绩突出。

（二）政协全国委员会全体会议工作

中国人民政治协商会议全国委员会全体会议（以下简称全体会议）是中国人民政治协商会议全国委员会（以下简称全国委员会）围绕团结和民主两大主题，履行政治协商、民主监督、参政议政职能的最高形式。全体会议坚持民主、求实、团结、奋进的方针，广开言路，求同存异，民主协商，集思广益，鼓励委员充分发表意见和建议。

1. 举行时间和开会条件

全体会议每年举行一次。常务委员会认为必要时，可临时召集全体会议。全体会议须有三分之二以上的委员出席，方可举行。

2. 全体会议的主要任务

全体会议的主要任务是：（1）修改中国人民政治协商会

议章程，监督章程的实施；（2）选举全国委员会的主席、副主席、秘书长和常务委员，决定常务委员会组成人员的变更；（3）协商讨论国家的大政方针以及经济建设、政治建设、文化建设、社会建设、生态文明建设中的重要问题，凝聚共识，提出建议和批评；（4）听取和审议常务委员会工作报告、提案工作情况的报告和其他报告；（5）讨论本会重大工作方针、任务并作出决议。

3. 全体会议的召集和主持

全体会议由常务委员会召集并主持。每届全国委员会第一次会议由预备会议选举产生的主席团主持。在全体会议举行一个月之前，主席会议提出全体会议的议程草案和日程草案的建议。

4. 常务委员会为全体会议进行的准备工作

根据主席会议的提议，常务委员会为全体会议进行下列准备工作：（1）审议通过全体会议议程草案和日程；（2）通过常务委员会工作报告、提案工作情况的报告和其他报告；（3）审议常务委员会组成人员变更的建议名单；（4）通过全体会议秘书长和副秘书长名单；（5）审议提请全体会议审议的建议案草案；（6）会议的其他准备事项。

5. 预备会议和主席团会议的召开

预备会议由上届常务委员会授权主席会议主持，主要任务为通过本届全国委员会第一次会议的议程和日程，通过本次会议主席团、主席团会议主持人、秘书长和提案审查委员会名单。

主席团会议由主席团会议主持人主持，主要任务是通过主席团常务主席名单，审议提请全体会议通过的决议，决定全体会议的其他事项。

主席团常务主席会议由主席团会议主持人主持，主要任务是审议提请主席团会议审议的各项文件。

主席团和主席团会议主持人、主席团常务主席、秘书长工作至会议选举产生本届全国委员会主席、副主席、秘书长、常务委员为止，提案审查委员会工作至本次会议结束为止。

6. 全体会议的举行

全体会议采取大会和小组会、联组会等形式进行。

（1）开幕会和闭幕会的任务。全体会议开幕会的任务：①通过会议的议程；②听取全国委员会常务委员会工作报告；③听取全国委员会常务委员会提案工作情况的报告；④听取其他报告或说明。全体会议闭幕会的任务：①通过会议的各项决议和报告；②决定常务委员会组成人员的变更；③通过全国委员会的建议案；④其他事项。

（2）听取和讨论报告。全体会议听取并讨论政府工作报告及其他报告，凝聚共识，提出意见和建议。

（3）大会发言。全体会议安排大会发言。各党派、团体、界别、专门委员会、委员个人或联名均可提交书面发言材料，申请大会发言。大会发言人选由会议秘书处按照有关规定确定。

（4）各次大会执行主席、主持人的决定。全体会议各次大会的执行主席、主持人由主席会议协商决定。每届全国委员会第一次会议的执行主席、主持人由主席团会议协商决定。

（5）委员小组和联组会的组织。委员小组按界别组织。小组会由本组委员推举的委员小组组长主持，在委员小组组长产生之前由委员小组召集人主持。联组会可由同一界别的委员小组合并而成，也可由不同界别的委员小组联合而成。联组会的主持人由参加联组会的各委员小组推举产生。

（6）出席和列席人员。全体会议邀请中共中央、全国人大常委会、国务院、中央军委和国家监察委员会、最高人民法院、最高人民检察院领导同志出席，邀请中共中央有关部门、中央国家机关有关部门和有关人民团体负责同志列席。也可根据情况邀请海外侨胞等其他人士列席。全体会议可邀请有关方面人士旁听，也可邀请各国驻华使节和新闻官旁听。

（7）举办新闻发布会、记者会。全体会议举办新闻发布会、记者会。设新闻发言人。全体会议开幕会、闭幕会以及大会发言，均邀请中外记者采访；分组会议可视情况邀请记者采访。

7. 会议的提案和建议案

（1）提案。各党派、团体、界别、专门委员会和委员、委员小组或联组均可提交提案。提案审查工作由提案委员会或提案审查委员会负责。

（2）建议案。全体会议可就涉及经济和社会发展的重大事项、人民群众普遍关心的热点问题，向中共中央、全国人大常委会、国务院提出建议案。

（3）建议案草案。全体会议期间，参加政协的党派、团体或占总数四分之一以上的委员联名，可提出建议案草案。建议案草案经主席会议审议通过后，由常务委员会决定是否提请全体会议审议。

8. 选举和表决

每届全国委员会第一次会议选举产生本届全国委员会主席、副主席、秘书长和常务委员，组成常务委员会。常务委员会组成人员从本届委员中选举产生。选举工作由会议主席团领导。

（1）主席、副主席、秘书长和常务委员候选人名单的确认和选举。主席、副主席、秘书长和常务委员的建议人选名单草案由主席团审议通过后，形成候选人名单草案，提交各委员小组充分酝酿讨论。主席团根据委员的意见，确定正式候选人名单，提交大会选举。

（2）投票方式。全体会议选举采用无记名投票方式。选举时须有三分之二以上的委员出席。候选人得到的赞成票超过全体委员的半数方可当选。

（3）选举办法确定。每届全国委员会第一次会议的选举办法，由主席团会议审议决定。本届其他各次会议的选举参照第一次会议的选举办法执行。

（4）决议和建议案通过条件。全体会议的决议和建议案，应经全体委员过半数通过。

（三）政协全国委员会常务委员会工作

中国人民政治协商会议全国委员会常务委员会（以下简称常务委员会）主持中国人民政治协商会议全国委员会（以下简称全国委员会）的会务，在全国委员会全体会议闭会期间，处理全国委员会的工作。

1. 常务委员会组成人员

常务委员会由全国委员会主席、副主席、秘书长和常务委员组成。全国委员会主席主持常务委员会的工作，副主席、秘书长协助主席工作。

常务委员会组成人员要认真执行中国人民政治协商会议章程和全国委员会及常务委员会的规定、决议，积极参加常务委员会的活动，加强同各方面人士的联系，广交朋友，及时反映群众的意见和要求。常务委员应按有关规定提交年度履职报告。

2. 常务委员会职权

常务委员会的职权是：（1）解释中国人民政治协商会议章程，监督章程的实施；（2）召集并主持全国委员会全体会议；每届第一次全体会议前召开全体委员参加的预备会议，选举第一次全体会议主席团，由主席团主持第一次会议；（3）组织实现中国人民政治协商会议章程规定的任务；（4）执行全国委员会全体会议的决议；（5）全国委员会全体会议闭会期间，审查通过提交中共中央、全国人大常委会、国务院的重要建议案；(6) 协商决定下届全国委员会的参加单位、委员名额和委员人选及界别设置。协商决定本届全国委员会变更的参加单位、委员名额和人选；(7) 常务委员会组成人员变更时，常务委员会提出建议名单，由全国委员会全体会议决定；(8) 根据秘书长的提议，任免全国委员会副秘书长；(9) 决定全国委员会工作机构的设置和变动，并任免其领导成员；(10) 根据中国人民政治协商会议章程决定对参加政协的单位和个人的纪律处分事项；(11) 根据需要，授权主席会议行使常务委员会的部分职权；(12) 在非常情况下决定全国委员会是否延长任期。由常务委员会以全体组成人员的三分之二以上多数通过，得延长任期。

3. 常务委员会会议

(1) 举行时间。常务委员会会议一般每季度举行一次；必要时可临时举行。常务委员会每年至少举行两次专题议政性会议。

(2) 拟定议程草案和日程。常务委员会会议的议程草案和日程由主席会议拟定，于会前半个月将会议的有关事项通知常务委员会组成人员；临时举行的会议，可以临时通知。

(3) 会议主持。常务委员会会议由全国委员会主席主持，也可由主席委托的副主席主持。

(4) 常务委员会会议的主要任务。①组织学习马克思列宁主义、毛泽东思想、邓小平理论、“三个代表”重要思想、科学发展观、习近平新时代中国特色社会主义思想，学习中华人民共和国宪法，学习中国人民政治协商会议章程，学习时事政治，学习中共党史、新中国史、改革开放史、社会主义发展史，学习交流业务知识等；②审议全国委员会及常务委员会会务和主席会议工作情况的报告；③协商讨论中共中央和国家重大方针政策及社会生活中的重大问题，听取中共中央、国务院以及有关部门的负责人对有关重要问题的报告或说明，凝聚共识，提出建议和意见；④审议提交全国委员会全体会议的文件；⑤审议重要的建议案、提案、视察报告、调查报告、出访报告和其他报告。

（5）列席人员。常务委员会举行会议时，不是常务委员的政协全国委员会副秘书长、各专门委员会副主任，办公厅研究室主任及各局级单位负责人列席。常务委员会举行会议时，视会议内容和需要，可邀请有关的全国政协委员，各省、自治区、直辖市和副省级市政协负责人列席；必要时，邀请有关党政部门负责人和其他有代表性的人士参加。

（6）会议举行条件。常务委员会会议必须有全体组成人员的三分之二多数出席方能举行；会议要发扬社会主义民主，对议题进行充分协商讨论，全面反映委员发表的各种意见和建议；会议的议案或其他需要表决的事项，须经常务委员会全体组成人员过半数通过方能生效。

（7）开会方式。常务委员会会议采取全体会议和分组会议相结合的方式。根据会议议题，可按界别编组，也可混合编组。

（8）会议发言。在常务委员会全体会议上，根据需要可安排发言。各党派、团体、专门委员会、委员个人或联名均可提交发言材料，申请发言，由会议统筹安排。

4. 常务委员会文件

常务委员会作出的决定，提出的建议、意见和批评，须经主席或主席委托的副主席、秘书长签发，以全国委员会文件或办公厅文件的形式送达有关方面或部门。

常务委员会会议、常务委员专题座谈会，一般应作新闻报道，并由办公厅编发会议简报或会议纪要。

（四）政协全国委员会主席会议工作规则

中国人民政治协商会议全国委员会主席会议（以下简称主席会议）由主席或主席委托的副主席召集并主持。主席会议议题由主席或副主席、秘书长提出，由主席或主席委托主持会议的副主席确定。主席会议集体学习列入主席会议议题。

1. 会议组成人员

中国人民政治协商会议全国委员会主席、副主席、秘书长组成主席会议，负责处理常务委员会的日常工作。主席主持主席会议的工作，副主席、秘书长协助主席工作。

主席会议组成人员要认真执行中国人民政治协商会议章程和全国委员会、常务委员会、主席会议的规定、决议、决定，切实履行职责，积极参加会议和活动、参加调查研究和视察考察、联系政协界别和委员，广交朋友，及时反映人民群众的意见和愿望。

2. 主席会议的主要任务

主席会议的主要任务包括以下几个方面：

（1）学习新时代中国特色社会主义思想和基本方略，学习《中华人民共和国宪法》，学习《中国人民政治协商会议章程》和人民政协理论，学习经济社会发展等有关知识；研究部署学习工作，组织主席会议集体学习。

（2）审议本届全国委员会变更参加单位、委员名额和人选，提请常务委员会协商决定；审议下一届全国委员会的参加单位、委员名额和人选及界别设置，提请常务委员会协商决定；审议本届副秘书长人选、专门委员会设置和主任副主任人选，提请常务委员会决定；审议决定本届各专门委员会委员人选。

（3）审议年度协商计划草案，安排政治协商活动。

（4）对中共中央和国家的重大方针政策以及社会生活中的重大问题进行讨论，凝聚共识，提出建议、意见或建议案。

（5）审议以全国委员会或常务委员会名义向中共中央、全国人大常委会、国务院提出的重要建议案。

（6）召集并主持常务委员会会议，拟定会议议程草案和日程，审议提交会议审议的文件。

（7）受常务委员会委托，主持下一届全国委员会第一次会议预备会议。

（8）审议全国委员会及其常务委员会的工作计划、工作报告和重要活动方案；审议提案工作情况的报告；审议专门委员会工作计划、工作总结和重要调研报告；审议全国委员会对外交往工作计划、出访报告和工作总结；审议委员视察考察报告、工作总结和办公厅工作总结。

（9）执行常务委员会会议决议；根据常务委员会授权，履行常务委员会的部分职权；向常务委员会报告工作。

（10）研究涉及人民政协全局性的工作方针，对全国委员会及全体会议、常务委员会的制度化、规范化、程序化建设提出建议，指导地方政协的工作。

（11）协调政协各参加单位之间的关系，促进团结合作。

（12）听取政协全国委员会办公厅和专门委员会工作情况报告和重大事项报告，讨论和决定重要事项。

（13）处理常务委员会其他重要日常工作。

3. 召开时间

主席会议一般每月召开一次；必要时可临时召开。主席会议集体学习一般每季度安排一次，必要时可视情增加。

主席会议召开时间、地点、主要议题等事项和提交会议审议的重要文件，办公厅应提前通知并送达主席会议组成人员；临时召开的会议临时通知。

4. 列席人员

主席会议召开时，政协全国委员会副秘书长、机关党组成员，各专门委员会主任和驻会副主任列席；必要时也可邀请与会议议题有关的其他人员列席；协商讨论重大问题时，可邀请有关部门负责人到会介绍情况、听取意见。

5. 召开条件

主席会议须在全体组成人员过半数出席时方能召开。主席会议组成人员不能出席主席会议的，应当向主席或主席委托主持会议的副主席请假。

6. 讨论决定问题的原则和方式

主席会议协商讨论问题，要充分发扬民主。讨论决定问题，必须坚持少数服从多数的原则；对于少数人的不同意见，应当充分尊重，深入沟通。如对重要问题不能形成一致意见，除紧急情况外，应当暂缓做出决定，待进一步调查研究、交换意见、统一认识后再做决定。

主席会议决定问题时，一般以分项审议方式通过，必要时也可以合并审议通过。

7. 文件审议和签发

对于提请主席会议审议的文件，由有关部门负责人在主席会议上作出说明。书面审议的文件，可不作说明。

主席会议审议通过即发生效力的文件，由主席或主席委托的副主席签发，以政协全国委员会文件或办公厅文件的形式送达有关方面或部门；主席会议审议通过后，需提请常务委员会会议审议通过的文件，在常务委员会会议上，由主席或主席委托的副主席、秘书长及有关部门负责人作出说明。

8. 召开主席办公会议

根据工作需要，召开主席办公会议，研究落实主席会议的具体工作任务。主席办公会议由主席或主席委托的副主席召集并主持，有关副主席、秘书长参加，办公厅、专门委员会有关负责人列席。会议的议题由主席或主席委托主持会议的副主席确定。

主席办公会议的主要任务是：传达、学习有关文件，研究落实全国政协重点工作，研究提出全年政治协商工作计划草案，研究重要调查研究、视察考察计划和报告，研究重点提案工作等。

主席会议和主席办公会议作会议记录并编发会议纪要。会议纪要由主席或主席委托的主席会议其他成员签发。

（五）政协全国委员会专门委员会工作规则

中国人民政治协商会议全国委员会专门委员会（以下简称专门委员会）是常务委员会和主席会议领导下的工作机构，是政协联系委员的重要纽带，是政协履行职能的重要载体，在政协工作中发挥基础性作用。

1. 组成人员

专门委员会的组成，应按照有利于联系各界、各方面人士，自愿、协商和便于组织经常性活动的原则，统筹安排。

每届专门委员会的设立一般应在当届政协第一次常务委员会会议上确定。专门委员会的组成人员原则上为全体委员的

30%左右，非中共委员要占一定比例。各专门委员会一般由50~100人组成，设主任1人，驻会副主任1人，副主任若干人。工作领域较宽的委员会可适当增加组成人员。

2. 专门委员会人选产生方式

专门委员会人选从政协全国委员会委员中产生，一般应具有相关工作经历和专业知识。人选由政协全国委员会秘书长会议提出，征得本人同意后，委员由主席会议审定，主任、副主任由常务委员会决定任命。专门委员会组成人员需变更时，按相关程序办理。专门委员会主任会议对本委员会委员的变更可提出建议。

3. 工作制度

（1）定期向常务委员会和主席会议报告工作。专门委员会每年定期向常务委员会和主席会议报告工作。专门委员会全体会议审议本委员会年度工作计划、总结及其他重要事项，一般每半年召开一次，由主任或主任委托的副主任主持。

（2）审议、研究审定事项。专门委员会主任会议审议提交本委员会全体会议审议的文件和重要事项，研究审定本委员会重点调研方案和调研报告，审定本委员会提交的提案、大会发言，研究并提出届中变更本委员会委员的建议名单。主任会议根据工作需要召开，由主任或主任委托的副主任主持。

（3）工作主持人员。专门委员会工作由主任主持，副主任协助主任工作，驻会副主任协助主任负责日常工作。政协全国委员会秘书长或秘书长委托的副秘书长负责协调专门委员会工作。

（4）工作要求。专门委员会工作应发扬民主、充分协商，注重发挥委员主体作用。各专门委员会根据自身特点和工作任务、工作领域等，分别联系相关界别委员，广交朋友，深交朋友。组织界别委员开展调研、视察、考察、协商、研讨、学习座谈等活动，反映所联系的社会各界群众的愿望和诉求。赴各地开展活动时注意吸收当地的政协全国委员会委员参加。

（5）以专门委员会名义形成的报告、请示件等的办理。以专门委员会名义形成的报告、请示件等，由主任或主任委托驻会副主任审定；重大问题可经秘书长提请主席办公会议、主席会议或常务委员会会议审议。提请以政协全国委员会或政协全国委员会办公厅名义发出的文件，按规定程序办理。

（6）加强与其他团体和机构的沟通联系。专门委员会应按程序与党政有关部门、各民主党派中央和全国工商联、各人民团体及有关机构加强情况沟通，密切工作联系。

（7）加强与地方政协相关专门委员会的联系。专门委员会应加强与地方政协相关专门委员会的联系，通过召开会议等方式，沟通情况，交流经验，指导工作。涉及国家和地方相关领域工作的重要问题，可开展联合调研、委托调研或专题研讨，形成工作合力。

（六）政协全国委员会秘书长会议工作

1. 组成人员

政协全国委员会设秘书长一人，设副秘书长若干人，协助秘书长工作。秘书长、副秘书长组成秘书长会议，在主席会议领导下进行工作。秘书长主持秘书长会议工作，副秘书长协助秘书长工作。

秘书长由全国委员会全体会议选举产生。副秘书长的任免，根据秘书长提议，由政协全国委员会常务委员会决定。秘书长参加常务委员会和主席会议集体领导，协调各专门委员会并领导办公厅工作。

2. 秘书长会议的主要任务

秘书长会议的主要任务包括以下几个方面：

（1）学习新时代中国特色社会主义思想和基本方略，学习《中华人民共和国宪法》，学习《中国人民政治协商会议章程》和人民政协理论，学习经济社会发展等有关知识；研究部署学习工作，组织秘书长会议集体学习。

（2）对参加政协的各党派、无党派人士、各人民团体共同关心的问题进行协商讨论，向主席会议、常务委员会提出意见和建议。

（3）协助主席、副主席组织实施全体会议、常务委员会会议、主席会议的决定和决议，听取有关工作情况报告。

（4）负责全体会议、常务委员会会议、主席会议、常务委员专题座谈会和根据需要召开的各党派、无党派人士、人民团体、各族各界人士的代表参加的协商座谈会等重要会议活动的准备和服务工作。

（5）审议提交主席会议的各项文件及以政协全国委员会办公厅名义发出的重要文件。

（6）协商讨论政协全国委员会、各民主党派中央和全国工商联机关共同事务和重要活动安排。

（7）调查研究地方各级政协的工作情况，就加强和改进人民政协工作，向主席会议和常务委员会提出建议。

（8）加强同中央国家机关、各党派团体、地方政协的联系与协作。

（9）负责政协机关思想、组织、制度和作风建设，为政协全国委员会主席、副主席、常务委员和委员履行职责服务。

（10）向主席会议提出专门委员会委员人选建议。

（11）完成主席、副主席交办的其他事项。

3. 会议举行

秘书长会议一般每月举行一次，如有需要可临时召集。会议日期、议题由秘书长决定。秘书长会议集体学习和听取有关工作情况报告列入秘书长会议议题。会议由秘书长或秘书长委托的副秘书长召集并主持。

秘书长会议协商讨论问题，应充分发扬民主，广泛听取各种意见和建议。除临时召集的会议外，秘书长会议议题一般应当提前通知。与会人员不能出席会议时，可对讨论的议题提出意见。

4. 列席人员

机关党组成员、各专门委员会驻会副主任，办公厅研究室和有关局级单位负责人列席秘书长会议。可根据会议内容，邀请未担任本会副秘书长的民主党派中央和全国工商联负责人列席秘书长会议。

5. 召开秘书长办公会议

根据工作需要，召开秘书长办公会议。秘书长办公会议由秘书长或秘书长委托的副秘书长召集并主持，有关副秘书长、机关党组成员、各专门委员会驻会副主任出席，办公厅研究室和各局级单位负责人列席。会议议题由秘书长决定。

会议的主要任务是传达、学习有关文件，研究办理主席、副主席交办的工作事项，研究提交秘书长会议审议的有关文件和有关事项，协调和处理机关各单位的工作关系，讨论和决定机关日常工作。

秘书长会议和秘书长办公会议均须作记录，并编印会议纪要报送主席、副主席，印发秘书长、副秘书长、机关党组成员、各专门委员会驻会副主任、办公厅研究室和各局级单位及有关人员。会议纪要由秘书长或秘书长委托的副秘书长签发。

（七）政协全国委员会委员视察考察工作

委员视察、考察是人民政协的一项基础性工作；是履行政治协商、民主监督、参政议政职能的重要形式；是密切联系群众，加强党派、界别之间合作共事，推进社会主义民主政治建设的重要途径；是实现自我教育，打牢团结奋斗的共同思想政治基础的重要渠道。

委员视察工作是政协全国委员会办公厅、专门委员会组织全国政协委员，对国家宪法、法律和法规的实施，重大方针政策、重大改革举措、重要决策部署的贯彻执行情况，经济建设、政治建设、文化建设、社会建设、生态文明建设中的重要问题，人民群众普遍关心的问题，国家机关及其工作人员的工作等，进行实地察看，建言资政，反映社情民意，开展民主监督。

委员考察工作是政协全国委员会办公厅、专门委员会和受委托的省级政协组织全国政协委员，就各项事业和群众生活的重要问题，进行实地察看，了解情况、学习提高。

1. 形成视察考察选题

政协全国委员会办公厅统筹安排委员视察、考察工作，负责提出年度工作计划，并经主席会议审定后实施，向常务委员会会议和全体会议提交年度工作情况报告。

委员视察、考察选题，根据政协全国委员会全体会议精神、中共政协全国委员会党组工作要点及年度协商计划，与相关会议议题、重点提案相结合，在充分征求各方面意见后形成。委托省级政协组织考察的选题，结合政协全国委员会重点工作和地方实际需要确定。

2. 委员视察考察的组织形式

委员视察的组织形式主要有：常委视察团、委员视察团、专题视察团。

委员考察的组织形式主要有：专题考察团、界别考察团、住香港特别行政区和住澳门特别行政区委员考察团；委托省级政协组织的所在地全国政协委员跨省考察团和就地考察团。

视察团根据视察内容和组织形式需要，邀请相关委员包括所到地全国政协委员参加。考察团采取委员自愿报名和统筹协调相结合的办法组成。

3. 组成人员

视察团设团长一人、副团长若干人、秘书长一人；团长、副团长和秘书长人选在视察团组团会议上协商产生。团长、副团长领导视察活动，秘书长负责视察团有关组织协调工作。考察团负责人根据需要确定。

委员参加视察、考察前，应围绕视察、考察内容，学习有关文件，做好准备工作；视察、考察中，应坚持问题导向，具有学习精神，深入了解实际情况，深化认识、凝聚共识，提出意见和建议。

4. 委员视察考察方式

委员视察方式包括听取情况介绍、走访察看、座谈讨论、内部交流、与地方党政负责同志交换意见等。

委员考察视情选取适当方式开展工作。

5. 视察考察成果的反映

（1）形成视察考察报告或简报。常委视察团、委员视察团形成视察报告，提交政协全国委员会常务委员会会议审议，并视情报送中共中央办公厅和国务院办公厅。专题视察团形成简报，报送政协全国委员会办公厅和专门委员会。考察团形成考察报告或简报，报送政协全国委员会办公厅和相关专门委员会。

（2）通过提案、会议发言、社情民意信息和其他形式反映。视察、考察过程中发现的重要情况或提出的建议，还可通过提案、会议发言、社情民意信息和其他形式反映。

（3）运用新媒体加强对视察考察成果的宣传报道。视察、考察团视情邀请新闻单位派记者随团采访报道。运用网络等新媒体，加强对视察、考察成果的宣传报道。

（八）政协全国委员会双周协商座谈会工作

双周协商座谈会是政协全国委员会继承“双周座谈会”历史传统，创新发展形成的以界别为基础、以专题为内容、以对口为纽带、以座谈为方法，约两周召开一次为期半天的会议形式；是委员与中央和国家机关定期座谈交流的协商平台，是委员建言献策、增进共识的履职途径。

双周协商座谈会围绕经济社会发展和涉及群众切身利益的突出问题，选择内容具体、针对性强的议题深入调研，广泛讨论，反映情况，提出建议，协助党和政府解决问题、改进工作。

1. 议题征集

双周协商座谈会议题由办公厅向全体委员、各专门委员会、各省（自治区、直辖市）委员会等征集，征求中共中央和国务院有关部门、各民主党派中央和全国工商联意见，与国务院办公厅会商安排建议；主席会议审议年度双周协商座谈会安排，确定议题、时间及承办单位。重点议题纳入年度协商计划，报中共中央审定。

2. 承办单位

双周协商座谈会由相关专门委员会承办，部分议题邀请民主党派中央和全国工商联共同承办。办公厅负责会议组织协调工作。

3. 开展调查研究

双周协商座谈会前，承办单位围绕议题组织相关委员深入开展调查研究，全面了解情况、认真分析问题、提出对策建议，确保议政建言质量。

4. 提出双周协商座谈会方案

在调研工作基础上，承办单位提出双周协商座谈会方案，按程序报请主席审定。办公厅于会前一周召开协调会，落实方案各项组织服务工作。

5. 参加人员

双周协商座谈会请主席、有关副主席和委员参加，视情邀请相关专家学者参加；邀请与议题相关的中央和国家机关部门负责人到会介绍情况、互动交流。参会委员以民主党派成员和无党派人士为主，一般 20 人左右。委员也可根据议题报名参加或提交意见建议。

6. 收集整理议题所涉材料

双周协商座谈会议题所涉及法律法规、政策措施等背景材料，中央和国家机关有关部门提供的书面材料，委员或专家学者预约发言材料，由承办单位收集整理，会前送主持人和有关领导参阅。根据需要，有关材料印发会议。

7. 主持人员

双周协商座谈会由主席主持。一般先请1位部门负责人简要介绍情况；请5位委员、专家学者作预约发言，其他自由发言；与会部门负责人针对发言中涉及的相关问题作互动发言；出席会议副主席视情发言。会议主持人作归纳性总结讲话。

8. 意见建议的报送

双周协商座谈会上提出的意见建议，通过政协信息等方式报送中共中央、国务院有关领导及相关部门。办公厅和承办单位及时跟踪了解领导同志对会议意见建议作出批示和相关部门反馈采纳落实情况。

双周协商座谈会方案、会议记录、反馈意见等，留存档案，汇编材料。

（九）政协全国委员会专题协商会工作

专题协商会是政协全国委员会组织政协常委、委员围绕国家的大政方针，就经济、政治、文化、社会、生态文明和党的建设中的某项专门问题进行协商讨论、议政建言的会议形式，是开展政协专题协商的主要载体，是发挥政协作为协商民主重要渠道和专门协商机构作用、协助党和政府科学民主决策的重要平台。

1. 主持人员

专题协商会由政协全国委员会主席或主席委托的副主席主持。

2. 召开时间

专题协商会一般每年召开 2 次，会期 1 天，分别安排在第二、三季度。

3. 议题提出

专题协商会议题遴选充分发扬民主，在广泛征求党政部门、党派团体、政协专门委员会、政协委员等方面意见基础上提出，并列入政协全国委员会年度协商计划，按程序提交审议后确定。

4. 方案提出

专题协商会方案由政协全国委员会有关专门委员会会同办公厅提出，明确议题、时间、地点、程序、出席范围、成果运用、筹备工作等事项，经秘书长办公会议、秘书长会议研究后报政协全国委员会主席或主席委托的副主席审定。

5. 出席范围

专题协商会的出席范围：政协全国委员会主席、部分副主席、秘书长，副秘书长，各专门委员会主任和驻会副主任，有关常委、委员；各民主党派中央、全国工商联有关负责人。

根据议题，邀请中共中央、国务院有关领导同志和有关部门负责人出席，也可视情邀请其他有关方面人员参加。专题协商会的出席人员规模约 150 人。

6. 调研视察

政协全国委员会办公厅和有关专门委员会会前组织政协常委、委员围绕议题深入开展调研视察，了解情况、找准问题、提出对策建议，为开好会议作准备。

7. 主要议程

专题协商会的主要议程：有关部门负责同志介绍情况，与会人员发言，有关部门负责同志和政协常委、委员互动交流，中央领导同志讲话。

政协常委、委员发言分为预约发言和自由发言，充分反映委员大会发言、提案、反映社情民意提出的相关意见建议，积极反映政协全国委员会专门委员会专题调研、常委和委员视察、界别调研和各民主党派中央、全国工商联的调研成果，做到言之有据、言之有理、言之有度、言之有物。

8. 会议情况报告报送

专题协商会的会议情况报告由有关专门委员会配合办公厅整理形成，以中共政协全国委员会党组名义报送中共中央；具体建议还可以政协信息等形式报送中共中央、国务院领导同志及有关部门参考。

政协全国委员会办公厅和有关专门委员会主动与有关部门建立联系、沟通信息，对专题协商会成果的采纳情况进行跟踪落实。

附　录

中国共产党政治协商工作条例

（2022年5月27日中共中央政治局会议审议批准
2022年6月13日中共中央发布）

第一章　总　　则

第一条　为了加强党对政治协商工作的领导，提高政治协商工作的科学化制度化规范化水平，坚持和完善中国共产党领导的多党合作和政治协商制度，巩固和发展爱国统一战线，根据《中国共产党章程》，制定本条例。

第二条　本条例所称政治协商，是在中国共产党领导下，中国共产党同各民主党派和各界代表人士围绕党和国家大政方针、经济社会发展重要问题以及其他重要事项开展的协商。

政治协商是中国共产党领导的多党合作和政治协商制度的重要组成部分，是社会主义协商民主的重要形式，是凝聚智慧、增进共识、促进科学民主决策的重要途径。

第三条　政治协商的基本方式是：

（一）中国共产党同各民主党派、无党派人士直接开展的协商，简称政党协商；

（二）中国共产党在人民政协同各民主党派和各界代表人士开展的协商，简称人民政协政治协商。

第四条　政治协商工作坚持以习近平新时代中国特色社会主义思想为指导，深入贯彻习近平总书记关于加强和改进统一战线工作的重要思想、关于加强和改进人民政协工作的重要思想，增强“四个意识”、坚定“四个自信”、做到“两个维护”，贯彻落实发展全过程人民民主要求，坚持和完善中国共产党领导的多党合作和政治协商制度，坚持大团结大联合，坚持一致性和多样性相统一，通过党领导下的政治协商工作的制度体系和工作机制，提升政治协商效能，为全面建设社会主义现代化国家、实现中华民族伟大复兴凝聚起共同奋斗的力量。

第五条 政治协商工作应当遵循以下原则：

（一）坚持党的全面领导；

（二）坚持围绕中心、服务大局；

（三）坚持发扬民主、坦诚协商；

（四）坚持政治引领、凝聚共识。

第二章 组织领导和职责

第六条 党中央对政治协商工作实行集中统一领导，统一制定政治协商工作大政方针，研究决定事关政治协商工作全局和长远发展的重大事项，保证政治协商始终坚持正确政治方向。

党中央组织开展中央层面的政党协商，领导和支持全国政协依照《中国人民政治协商会议章程》和有关规定做好政治协商工作。

第七条 地方党委在政治协商工作中的主要职责是：

（一）贯彻落实党中央关于政治协商工作的方针政策和决策部署以及上级党委工作要求，指导下级党组织做好政治协商有关工作；

（二）把政治协商工作纳入党委重要议事日程，及时研究解决政治协商工作中的重要问题；

（三）按照规定与同级民主党派组织、无党派人士开展政党协商，领导和支持本级政协做好政治协商工作；

（四）支持民主党派、无党派人士提高政治协商能力，更好履行职责、发挥作用。

第八条 党委统战部在政治协商工作中的主要职责是：

（一）贯彻落实党中央关于政治协商工作的方针政策和决策部署以及上级党委、同级党委工作要求；

（二）受党委委托，组织开展政党协商，向党委请示报告政党协商工作并提出意见建议；

（三）完成党委交办的政治协商其他有关工作。

第九条 政协党组在人民政协政治协商工作中的主要职责是：

（一）贯彻落实党中央关于政治协商工作的方针政策和决策部署以及上级党委、同级党委工作要求，依规依章程组织开展人民政协政治协商工作；

（二）坚持民主集中制，严格执行重大事项请示报告制度，重要协商活动报经党委批准，执行落实情况及时向党委报告；

（三）加强政协委员队伍建设，引导委员深入学习党的理论和路线方针政策，认真履行协商职责，切实提高协商能力，发挥党员委员在政治协商中的政治引领作用；

（四）完成党委交办的人民政协政治协商其他有关工作。

第三章 政治协商对象和内容

第十条 政党协商的对象是：

（一）民主党派；

（二）无党派人士。

工商联应邀参加政党协商。

第十一条 人民政协政治协商的对象是参加政协的各有关方面，包括：

（一）民主党派；

（二）无党派人士；

（三）人民团体；

（四）其他各界代表人士。

第十二条 政党协商主要内容是：

（一）中国共产党全国和地方各级代表大会、党中央以及地方党委有关重要文件的制定、修改；

（二）宪法的修改建议，有关重要法律的制定、修改建议，有关重要地方性法规的制定、修改建议；

（三）关系国民经济和社会发展的有关重大问题；

（四）换届时人大常委会、政府、政协领导班子成员和监察委员会主任、法院院长、检察院检察长的建议人选；

（五）关系统一战线和多党合作的重大问题。

第十三条 人民政协政治协商主要内容是：

（一）列入政协全体会议议程的重要事项；

（二）国家方针政策和地方重要举措，经济建设、政治建设、文化建设、社会建设、生态文明建设重要问题；

（三）有关统一战线的重要问题。

第四章　政治协商活动筹备

第十四条　各级党委加强对政治协商活动的研究部署，统筹安排政党协商和人民政协政治协商，增强协商活动计划性，提高协商议题针对性，支持各方面做好协商准备。

第十五条　政党协商年度计划由党委办公厅（室）会同党委统战部在听取有关部门、民主党派组织、无党派人士意见建议的基础上研究提出，经党委常委会会议审议通过后，通报同级民主党派组织。

第十六条　根据政党协商年度计划，同级民主党派组织、无党派人士就经济社会发展重要问题开展年度重点考察调研，由党委统战部组织实施并做好统筹协调；支持民主党派组织、无党派人士结合自身特色以及政党协商年度计划内容开展经常性考察调研，形成调研成果，为协商活动提供参考。

第十七条　党委办公厅（室）会同党委统战部，根据政党协商年度计划制定具体工作方案。党委统战部会同有关部门提前组织民主党派组织负责同志、无党派代表人士阅读文件，通报有关情况。

第十八条　政协党组就人民政协政治协商议题征求有关方面意见后，提出年度协商议题安排，形成年度协商计划草案，报党委常委会会议确定，并按照程序审议通过后实施。

第十九条　各级党委和政府支持政协围绕协商议题开展调研。根据工作需要，可以安排有关党政机关在政协考察调研时介绍情况，与委员交换意见，共同进行研究。重要调研成果报党委以及有关部门。

第二十条 人民政协政治协商活动具体工作方案应当根据批准的年度协商计划制定。议题涉及的有关法律法规和政策措施等书面材料可以视情提前印发，供参加协商的各方参阅。

第五章 政治协商活动开展

第二十一条 各级党委应当按照形式与内容相匹配的要求，合理运用协商形式，保证协商活动有序开展。

在政治协商活动中，应当鼓励和支持参加协商的各方讲真话、建诤言，加强互动交流，营造宽松民主和谐的协商氛围。

第二十二条 各级党委主要通过以下形式开展政党协商：

（一）会议协商。党委负责同志主持召开专题协商座谈会、人事协商座谈会、调研协商座谈会和其他协商座谈会，听取同级民主党派组织、无党派代表人士的意见建议。

（二）约谈协商。党委负责同志可以根据需要，不定期邀请同级民主党派组织负责同志、无党派代表人士就共同关心的问题当面沟通情况、交换意见，或者应同级民主党派组织主要负责同志约请，个别听取意见。

（三）书面协商。党委可以就有关重要文件、重要事项书面征求同级民主党派组织、无党派人士的意见建议，民主党派组织、无党派人士以书面形式反馈协商意见。支持民主党派组织及其负责同志以书面形式直接向同级党委反映情况、提出意见建议。

第二十三条 各级党委支持政协主要通过以下形式开展人民政协政治协商：

（一）全体会议。中央政治局常委同志等应邀出席全国政协全体会议，同委员共商国是；地方党委负责同志等应邀出席地方政协全体会议，参加讨论，听取意见建议。

（二）专题议政性常务委员会会议。党委和政府有关负责同志应邀出席有关常务委员会会议并作报告，听取意见并根据需要进行互动交流。

（三）专题协商会。党委和政府有关负责同志应邀出席专题协商会并发表意见，有关部门负责同志介绍情况，开展互动交流。

（四）协商座谈会。根据情况采取相应的协商形式，由政协主席或者副主席、专门委员会负责同志主持。与议题有关的部门负责同志应邀到会介绍情况、听取并交流意见。

第六章　政治协商成果运用和反馈

第二十四条　各级党委应当重视协商意见研究办理，可以结合实际建立健全政治协商成果运用和反馈制度，重要协商成果可以作为决策参考。

第二十五条　党委办公厅（室）会同党委统战部梳理汇总政党协商意见，视情交付有关部门研究办理，办理情况按照规定反馈同级民主党派组织、无党派代表人士。

第二十六条　政协党组按照规定梳理形成人民政协政治协商活动成果，重要协商活动成果报送党委。党委和政府负责同志对有关部门落实协商成果有明确要求的，党委和政府办公厅（室）应当加强督促检查，并将落实情况抄送同级政协办公厅（室）。

第七章　政治协商保障机制

第二十七条　各级党委应当结合实际完善政治协商工作机制，支持和推动有关单位和部门参与政治协商有关工作。

完善党委、政府、监察委员会、法院、检察院与各民主党派、各界代表人士的工作联系机制，为各民主党派和各界代表人士知情明政创造条件。

党委有关部门，有关政府部门、人民团体、企事业单位的党组（党委）为本单位本部门的民主党派成员、无党派人士和政协委员参加政治协商创造有利条件，提供必要保障。

第二十八条　党委负责同志开展考察调研，根据工作需要，可以邀请同级民主党派组织负责同志、无党派代表人士参加。

监察委员会，法院、检察院和有关政府部门党组（党委）可以根据工作需要向同级民主党派组织、无党派人士介绍有关情况，视情邀请同级民主党派组织、无党派人士列席有关工作会议、参加专项调研和检查督导等。

第二十九条　支持各民主党派、无党派人士在政协参与国家方针政策和地方重要举措的讨论协商，对各民主党派以本党派名义在政协发表意见、提出建议等作出机制性安排。

第八章　附　　则

第三十条　本条例由中央统战部负责解释。

第三十一条　本条例自发布之日起施行。

中国共产党统一战线工作条例

（2015 年 4 月 30 日中共中央政治局会议审议批准 2015 年 5 月 18 日中共中央发布 2020 年 11 月 30 日中共中央政治局会议修订 2020 年 12 月 21 日中共中央发布）

第一章 总 则

第一条 为了加强党对统一战线工作的集中统一领导，提高统一战线工作的科学化规范化制度化水平，巩固和发展爱国统一战线，根据《中国共产党章程》，制定本条例。

第二条 本条例所称统一战线，是指中国共产党领导的、以工农联盟为基础的，包括全体社会主义劳动者、社会主义事业的建设者、拥护社会主义的爱国者、拥护祖国统一和致力于中华民族伟大复兴的爱国者的联盟。

统一战线是中国共产党凝聚人心、汇聚力量的政治优势和战略方针，是夺取革命、建设、改革事业胜利的重要法宝，是增强党的阶级基础、扩大党的群众基础、巩固党的执政地位的重要法宝，是全面建设社会主义现代化国家、实现中华民族伟大复兴的重要法宝。

第三条 新时代统一战线工作的指导思想和主要任务是：在中国共产党领导下，以马克思列宁主义、毛泽东思想、邓小平理论、“三个代表”重要思想、科学发展观、习近平新时代中国特色社会主义思想为指导，坚定不移走中国特色社会主义道路，增强“四个意识”、坚定“四个自信”、做到“两个维护”，深入学习贯彻习近平总书记关于加强和改进统一战线工作的重要思想，围绕统筹推进“五位一体”总体布局、协调推进“四个全面”战略布局，积极促进政党关系、民族关系、宗教关系、阶层关系、海内外同胞关系和谐，巩固和发展最广泛的爱国统一战线，为全面建设社会主义现代化国家、实现中华民族伟大复兴服务，为坚持和完善中国特色社会主义制度、推进国家治理体系和治理能力现代化服务，为维护社会和谐稳定、维护国家主权安全发展利益服务，为保持香港澳门长期繁荣稳定、实现祖国完全统一服务。

第四条 统一战线工作的原则是：

（一）坚持中国共产党的领导；

（二）坚持高举爱国主义、社会主义旗帜；

（三）坚持围绕中心、服务大局；

（四）坚持大团结大联合；

（五）坚持正确处理一致性和多样性关系；

（六）坚持尊重、维护和照顾同盟者利益；

（七）坚持广交、深交党外朋友；

（八）坚持大统战工作格局。

第五条 统一战线工作范围是：

（一）民主党派成员；

（二）无党派人士；

（三）党外知识分子；

（四）少数民族人士；

（五）宗教界人士；

（六）非公有制经济人士；

（七）新的社会阶层人士；

（八）出国和归国留学人员；

（九）香港同胞、澳门同胞；

（十）台湾同胞及其在大陆的亲属；

（十一）华侨、归侨及侨眷；

（十二）其他需要联系和团结的人员。

统一战线工作对象为党外人士，重点是其中的代表人士。

第二章　组织领导和职责

第六条　加强党对统一战线工作的集中统一领导，确保党在统一战线工作中总揽全局、协调各方，保证统一战线工作始终沿着正确政治方向前进。

构建党委统一领导、统战部门牵头协调、有关方面各负其责的大统战工作格局。

第七条　党中央成立统一战线工作领导小组。中央统一战线工作领导小组在中央政治局及其常委会领导下开展工作，对学习贯彻落实党中央关于统一战线工作的重大理论方针政策和涉及统一战线工作的法律法规进行研究部署、协调指导和督促检查，研究统一战线重大问题，向党中央提出建议。

中央统一战线工作领导小组办公室设在中央统战部。

第八条　地方党委对本地区统一战线工作负主体责任，主要职责是：

（一）贯彻落实党中央以及上级党委关于统一战线工作的

决策部署和工作要求，指导和督促检查下级党组织做好统一战线工作，重视加强基层统一战线工作；

（二）定期研究统一战线重大问题、部署重要工作，每年向党中央或者上一级党委报告统一战线工作情况；

（三）按照权限制定统一战线工作相关党内法规、规范性文件和重要政策，推动制定统一战线工作相关地方性法规，并组织实施；

（四）组织开展统一战线理论方针政策的学习、研究、宣传和教育，把统一战线理论方针政策纳入党委理论学习中心组学习内容和党校（行政学院）、干部学院、社会主义学院教学内容，把统一战线工作纳入宣传工作计划，把统一战线知识纳入国民教育内容；

（五）落实党中央关于统一战线工作部门和统战干部队伍建设的要求，选优配强统战系统领导班子和主要负责人，加强统战干部、人才队伍建设；

（六）领导同级人大、政府、政协、监察委员会、法院、检察院和有关人民团体、企事业单位等做好本部门本单位本领域统一战线工作；

（七）发现、培养、使用、管理党外代表人士，健全领导干部与党外代表人士联谊交友制度。

其他部门、单位的党组（党委）参照前款规定履行相应统一战线工作职责。中央和国家机关工委以及各级党的机关工委依照授权，加强对党和国家机关统一战线工作的指导和监督检查。

各级党委（党组）主要负责人为本地区本部门本单位统

一战线工作第一责任人。党委（党组）领导班子成员应当带头学习、宣传和贯彻落实统一战线理论方针政策和法律法规，带头参加统一战线重要活动，带头广交深交党外朋友。

地方党委成立统一战线工作领导小组，组长一般由同级党委书记担任。

第九条 党中央以及地方党委设置统战部。统战部是党委主管统一战线工作的职能部门，是党委在统一战线工作方面的参谋机构、组织协调机构、具体执行机构、督促检查机构，承担了解情况、掌握政策、协调关系、安排人事、增进共识、加强团结等职责，主要是：

（一）贯彻落实党对统一战线工作的理论方针政策和决策部署，拟订统一战线工作政策和规划，向同级党委请示报告统一战线工作并提出意见建议。

（二）统筹协调指导统一战线工作，组织协调开展日常监督检查。

（三）负责发现、联系和培养党外代表人士，在同级党委领导下做好党外代表人士的政治安排，协同有关部门做好安排党外代表人士担任政府和审判机关、检察机关等领导职务的工作。

（四）联系民主党派，牵头协调无党派人士工作，支持民主党派和无党派人士履行职责、发挥作用，支持、帮助民主党派和无党派人士加强自身建设。

（五）开展党外知识分子统一战线工作。

（六）统筹协调民族工作，领导民族工作部门依法管理民族事务。

（七）统一管理宗教工作，领导宗教工作部门依法管理宗教事务。

（八）参与制定、推动落实鼓励支持引导非公有制经济发展的方针政策，统筹开展非公有制经济人士统一战线工作。

（九）统筹开展新的社会阶层人士统一战线工作。

（十）会同有关部门开展港澳统一战线工作，开展对台统一战线工作。

（十一）统一领导海外统一战线工作，统一管理侨务工作，统筹协调有关部门和社会团体涉侨工作。

（十二）协调推进统一战线领域法治建设。

（十三）在统一战线工作中落实意识形态工作责任制，负责开展统一战线宣传工作。

（十四）指导下级党委统一战线工作，协助管理下一级党委统战部部长；协调政府有关部门统一战线工作，协助做好民族、宗教等工作部门领导班子成员推荐工作；加强同政协组织的沟通协调配合；加强对参事室、文史研究馆的工作指导；领导工商联党组，指导工商联工作；指导和管理社会主义学院；做好统一战线有关单位和团体管理工作。

（十五）完成同级党委和上级党委统战部交办的其他任务。

第十条 统一战线工作任务重的党中央以及省、市两级党委派出机关设置统一战线工作机构。乡（镇、街道）党组织应当有人员负责统一战线工作，其中统一战线工作任务重的明确专人负责。有关人民团体明确相关机构负责统一战线工作。统一战线工作任务重的高等学校、科研院所党委设置统一战线工作机构，其他高等学校、科研院所党委应当明确相应机构负责统一战线工作。统一战线工作任务重的大型国有企业党委（党组）明确机构和人员负责统一战线工作。统一战线工作任务重的其他单位党组（党委）明确相关机构负责统一战线工作。

第十一条 省、市两级党委统战部部长一般由同级党委常委担任，县级党委统战部部长由同级党委常委担任或者兼任，分管日常工作的副部长按照同级党委部门正职领导干部配备。民族、宗教工作部门主要负责人具备条件的，可以担任同级党委统战部副部长。工商联党组书记由同级党委统战部副部长担任。高等学校党委统战部部长担任党委常委或者不设常委会的党委委员。

第三章 民主党派和无党派人士工作

第十二条 中国共产党领导的多党合作和政治协商制度是中国特色社会主义新型政党制度，是我国的一项基本政治制度。中国共产党同各民主党派实行长期共存、互相监督、肝胆相照、荣辱与共的基本方针。

民主党派是接受中国共产党领导、同中国共产党通力合作的亲密友党，是中国共产党的好参谋、好帮手、好同事，是中国特色社会主义参政党。

无党派人士是指没有参加任何政党、有参政议政愿望和能力、对社会有积极贡献和一定影响的人士，其主体是知识分子。

民主党派的基本职能是参政议政、民主监督、参加中国共产党领导的政治协商。无党派人士参照民主党派履行职能。

第十三条 政党协商是中国共产党同民主党派的政治协商。无党派人士是政治协商的重要组成部分，参加政党协商。政党协商主要包括以下内容：中国共产党全国和地方各级代表大会、党中央和地方各级党委有关重要文件的制定、修改；宪法的修改建议，有关重要法律的制定、修改建议，有关重要地方性法规的制定、修改建议；人大常委会、政府、政协领导班子成员和监察委员会主任、法院院长、检察院检察长建议人选；关系统一战线和多党合作的重大问题。

党中央以及地方党委应当按照规定程序开展政党协商。

支持民主党派和无党派人士参与人大协商、政府协商、政协协商以及其他方面的协商。

第十四条 支持民主党派和无党派人士参政的主要内容是：参加国家政权，参与重要方针政策、重要领导人选的协商，参与国家事务的管理，参与国家方针政策、法律法规的制定和执行。

中共中央领导同志的国内考察调研以及重要外事活动，根据统一安排和工作需要，可以邀请民主党派中央负责人、无党派代表人士参加。

第十五条 中国共产党和各民主党派实行互相监督。中国共产党处于领导和执政地位，自觉接受民主党派的监督。

支持民主党派和无党派人士在坚持四项基本原则基础上，在政治协商、调研考察，参与党和国家有关重大方针政策、决策部署执行和实施情况的监督检查，受党委委托就有关重大问题进行专项监督等工作中，通过提出意见、批评、建议等方式，对中国共产党进行民主监督。

第十六条 各级党委应当支持民主党派加强思想政治建设、组织建设、履职能力建设、作风建设、制度建设，支持无党派人士加强自身建设。

帮助民主党派解决机构、编制、经费、办公场所、干部交流和挂职锻炼等方面的问题。为无党派人士履行职责提供必要保障。

第四章 党外知识分子工作

第十七条 国家机关和国有企事业单位党外知识分子工作的重点对象是：具有高级职称的党外知识分子，学术带头人或者重要业务骨干中的党外知识分子，担任国家机关、高等学校、科研院所、大中型国有企业中层以上领导职务的党外知识分子，其他有成就、有影响的党外知识分子。

国家机关和国有企事业单位党组（党委）负责本领域本单位党外知识分子工作，加强思想引导，支持发挥作用，组织党外知识分子参加统一战线工作和活动。

第十八条 坚持广泛团结、热情服务、积极引导、发挥作用的方针，做好出国和归国留学人员统一战线工作。

欧美同学会（中国留学人员联谊会）是党联系留学人员的桥梁纽带、做好留学人员工作的助手和留学人员之家。各省（自治区、直辖市）、副省级城市和省会城市应当建立留学人员组织。留学人员比较集中的其他城市和高等学校、科研院所等单位，可以成立留学人员组织。

第十九条 各省（自治区、直辖市）、副省级城市和省会城市可以成立党外知识分子联谊会，做好党外知识分子思想政治引领工作。

统战部门应当加强对党外知识分子联谊会的领导。

第五章　民 族 工 作

第二十条　坚定不移走中国特色解决民族问题的正确道路，以铸牢中华民族共同体意识为主线，坚持各民族一律平等，全面贯彻党的民族政策，坚持和完善民族区域自治制度，深化民族团结进步教育，促进各民族交往交流交融，实现各民族共同团结奋斗、共同繁荣发展。

第二十一条　围绕促进民族团结、改善民生，推动民族地区经济社会发展，不断满足各族群众的美好生活需要。促进各民族文化的传承保护和创新交融，全面推广国家通用语言文字，尊重、支持各少数民族语言文字的学习和使用。大力培养民族地区各族干部，大力选拔使用少数民族干部，积极培养少数民族专业人才。

第二十二条　全面深入持久开展马克思主义祖国观、民族观、文化观、历史观宣传教育，开展党的民族理论、政策学习宣传，开展民族团结进步创建，增进各族群众对伟大祖国、中华民族、中华文化、中国共产党、中国特色社会主义的认同。

巩固和发展平等团结互助和谐的社会主义民族关系，反对一切形式的民族歧视，反对大汉族主义和地方民族主义。尊重少数民族风俗习惯，保障少数民族合法权益。依法治理民族事务，妥善处理涉及民族因素的矛盾纠纷。做好城市民族工作。

防范和打击各种渗透颠覆破坏活动、暴力恐怖活动、民族分裂活动、宗教极端活动，维护国家统一、民族团结和社会稳定。

第六章　宗 教 工 作

第二十三条　坚持和发展中国特色社会主义宗教理论，坚持我国宗教中国化方向，坚持以“导”的态度对待宗教，保护合法、制止非法、遏制极端、抵御渗透、打击犯罪，构建积极健康的宗教关系。

第二十四条　坚持党的宗教工作基本方针：全面贯彻党的宗教信仰自由政策，依法管理宗教事务，坚持独立自主自办原则，积极引导宗教与社会主义社会相适应。

尊重和保护公民信仰宗教和不信仰宗教的自由。坚持政教分离。

提高宗教工作法治化水平，善于用法律法规规范宗教事务管理、调节涉及宗教的各种社会关系，运用法治思维和法治方式妥善处理宗教领域的矛盾和问题，教育引导宗教界人士和信教群众自觉维护宪法法律权威，在法律法规规定范围内开展活动。

防范外国势力干预和支配我国宗教团体和宗教事务。防范和抵御境外利用宗教进行渗透。支持和鼓励宗教界在独立自主、平等友好、互相尊重的基础上开展对外交往。

用社会主义核心价值观引领和教育宗教界人士和信教群众，支持和引导宗教界人士对宗教教义教规作出符合当代中国发展进步要求、符合中华优秀文化的阐释，促进宗教界人士和信教群众对伟大祖国、中华民族、中华文化、中国共产党、中国特色社会主义的认同。发挥宗教的积极作用，抑制宗教的消极作用。

第二十五条 坚持政治上团结合作、信仰上互相尊重，支持宗教团体加强自身建设和人才培养，巩固和发展党同宗教界的爱国统一战线。

共产党员应当团结信教群众，但不得信仰宗教。

第二十六条 加强基层宗教工作，建立健全县（市、区、旗）、乡（镇、街道）、村（社区）三级宗教工作网络和乡（镇、街道）、村（社区）两级责任制，建立健全分级负责、属地管理和责任追究制度。宗教工作任务重的乡（镇、街道），党委应当有领导干部分管宗教工作，并明确专人负责。

第七章 非公有制经济领域统一战线工作

第二十七条 坚持和完善社会主义基本经济制度，制定、宣传和贯彻党关于发展非公有制经济的方针政策。推动构建亲清政商关系，形成有利于非公有制经济发展的政策环境、法治环境、市场环境、社会环境。引导非公有制企业践行新发展理念。

第二十八条 全面贯彻信任、团结、服务、引导、教育的方针，深入开展理想信念教育，引导非公有制经济人士爱国、敬业、创新、守法、诚信、贡献，做合格的中国特色社会主义事业建设者。

建立健全政企沟通协商制度。了解反映非公有制经济人士诉求，帮助其依照法定程序维护合法权益。畅通非公有制经济人士有序政治参与渠道，引导规范政治参与行为。

培育和发展中国特色商会组织，推动统一战线工作向商会组织有效覆盖。

第二十九条 工商联是党领导的以民营企业和民营经济人士为主体的，具有统战性、经济性和民间性有机统一基本特征的人民团体和商会组织。工商联围绕促进非公有制经济健康发展和非公有制经济人士健康成长的主题履行职责、发挥作用。

工商联参加政治协商、参政议政、民主监督的具体内容和形式参照本条例第三章有关规定执行。

工商联对所属商会履行业务主管单位职责，对会员开展思想政治工作、教育培训，对所属商会主要负责人进行考察考核。工商联对其他以民营企业和民营经济人士为主体的行业协会商会加强联系、指导和服务。

第三十条 统战部、工商联按照同级党委安排，参与民营企业党建工作。工商联党组应当支持和配合做好所属会员企业党组织组建工作。

工商联党组对所属商会党建工作履行全面从严治党主体责任。

第八章 新的社会阶层人士统一战线工作

第三十一条 新的社会阶层人士主要包括：民营企业和外商投资企业管理技术人员、中介组织和社会组织从业人员、自由职业人员、新媒体从业人员等。

第三十二条 坚持信任尊重、团结引导、组织起来、发挥作用的思路，运用社会化、网络化的方法，通过实践创新基地、联谊组织等形式，分类分众施策，强化思想引领，凝聚政治共识，发挥新的社会阶层人士在建设中国特色社会主义事业中的重要作用。

第三十三条 与新的社会阶层人士联系密切的党政部门、群众团体、社会组织等，应当发挥职能作用，健全工作机制，密切协调配合，共同做好新的社会阶层人士统一战线工作。

新的社会阶层人士所在街道、社区、园区、企业等的党组织应当落实主体责任，把新的社会阶层人士统一战线工作纳入重要工作职责，研究解决突出问题。

第九章 港澳台统一战线工作

第三十四条 港澳统一战线工作的主要任务是：全面准确贯彻“一国两制”、“港人治港”、“澳人治澳”、高度自治的方针，坚持和完善“一国两制”制度体系，严格依照宪法和基本法办事，支持特别行政区行政长官和政府依法施政，支持港澳融入国家发展大局，发展壮大爱国爱港、爱国爱澳力量，增强香港同胞、澳门同胞国家意识和爱国精神，维护国家主权安全发展利益，维护香港、澳门长期繁荣稳定，确保“一国两制”实践行稳致远。

第三十五条 对台统一战线工作的主要任务是：贯彻执行党中央对台工作大政方针，坚持一个中国原则，广泛团结海内外台湾同胞，发展壮大台湾爱国统一力量，反对“台独”分裂活动，不断推进祖国和平统一进程，同心实现中华民族伟大复兴。

第三十六条 支持民主党派和无党派人士，指导相关人民团体和社会团体，在港澳台统一战线工作中发挥作用。

第十章 海外统一战线工作和侨务工作

第三十七条 海外统一战线工作的主要任务是：加强思想

政治引领，增进华侨和出国留学人员等对祖国的热爱和对中国共产党、中国特色社会主义的理解认同；传承和弘扬中华优秀文化，促进中外文化交流；鼓励华侨参与我国改革开放和社会主义现代化建设，融入民族复兴伟业；遏制“台独”等分裂势力，维护国家核心利益；发挥促进中外友好的桥梁纽带作用，营造良好国际环境。

第三十八条 侨务工作的主要任务是：围绕凝心聚力同圆共享中国梦的主题，加强华侨、归侨、侨眷代表人士工作，凝聚侨心、汇集侨智、发挥侨力、维护侨益，为侨服务；统筹国内侨务和国外侨务工作，着力涵养侨务资源，引导华侨、归侨、侨眷致力于祖国现代化建设，维护和促进中国统一，实现中华民族伟大复兴，致力于增进中国人民与世界人民的友好合作交流，推动构建人类命运共同体。

保护华侨正当权利和利益，关心华侨的生存和发展，推动和谐侨社建设，教育引导华侨遵守住在国法律，尊重当地文化习俗，更好融入主流社会，为住在国经济社会发展贡献智慧和力量，充分展现守法诚信、举止文明、关爱社会、团结和谐的大国侨民形象。

保护归侨、侨眷合法权利和利益，适当照顾归侨、侨眷特点，积极发挥他们与海外联系广泛的优势作用。

第十一章　党外代表人士队伍建设

第三十九条 党外代表人士是指与中国共产党团结合作、作出较大贡献、有一定社会影响的人士，其标准是政治坚定、业绩突出、群众认同。

第四十条 加强党外代表人士的发现储备。发挥高等学校、科研院所培养和选拔党外代表人士的重要基地作用，注意从国家机关、国有企事业单位、民营企业以及新的社会阶层人士、出国和归国留学人员中发现党外代表人士。

第四十一条 坚持政治培训为主，开展对党外代表人士的理论培训。发挥社会主义学院作为统一战线人才教育培养主阵地作用，重视发挥党校（行政学院）、干部学院的作用，合理利用高等学校等培训资源。

加强党外代表人士的实践锻炼，将党外干部纳入党政领导干部交流总体安排。

第四十二条 党外代表人士在各级人大代表、人大常委会委员和人大专门委员会主任委员、副主任委员以及委员中应当保持适当比例。全国人大常委会副委员长、县级以上地方各级人大常委会副主任中应当有适当数量的党外代表人士。

全国和省级人大常委会中应当有民主党派成员或者无党派人士担任专职副秘书长。

统战部门会商有关部门，负责人大代表、人大常委会组成人员中的党外候选人的推荐提名工作。

第四十三条 省、市两级政府领导班子应当配备党外干部。县级政府领导班子从实际出发积极配备党外干部。

各级政府部门除有特殊要求外，均可以积极配备党外干部担任领导职务，重点在行政执法监督、与群众利益密切相关、紧密联系知识分子和专业技术性强的部门配备。

符合条件的党外干部可以担任政府部门（单位）行政正职。各省（自治区、直辖市）在政府组成部门中应当配备 2 名左右党外正职。

第四十四条 党外代表人士在各级政协中应当占有较大比例，换届时委员不少于60%，常委不少于65%；在各级政协领导班子中副主席不少于50%（不包括民族自治地方）。

全国政协和省级政协应当有民主党派成员或者无党派人士担任专职副秘书长。

政协各专门委员会主任、副主任以及委员中的党外代表人士应当占有适当比例。

各级政协委员人选推荐工作应当坚持广泛协商，党内的由组织部门提名，党外的由统战部门提名，其中的民主党派成员、民营经济人士应当在提名前与民主党派、工商联协商，继续提名的各界别政协委员应当听取政协党组意见。建议名单由统战部门汇总并征求有关方面意见后，由组织部门报同级党委审定，之后按照《中国人民政治协商会议章程》规定的程序办理。

第四十五条 各级法院、检察院领导班子应当配备党外干部。

高等学校领导班子中一般应当配备党外干部，符合条件的党外干部可以担任行政正职。加大在群团组织、科研院所、国有企业领导班子中选配党外干部的力度。

坚持参事室统战性、咨询性和文史研究馆统战性、荣誉性的性质，党外参事、党外馆员不少于70%。参事室、文史研究馆领导班子中应当配备党外代表人士。

监察委员会、法院、检察院和政府有关部门应当聘请党外代表人士担任特约人员。

举荐党外代表人士在有关社会团体任职。

第四十六条 符合条件的省级民主党派主委、工商联主席、无党派代表人士一般应当进入同级人大常委会、政府、政协领导班子。

除特殊情况外，人大常委会、政协领导班子中的党外代表人士应当与担任同级职务的党内干部享受同等待遇。

第四十七条 各级人大代表候选人和各级政协委员中应当有适当数量的民营经济人士、新的社会阶层人士。

民营企业主要出资人并以经营管理为主要职业的，在推荐安排中应当界定为民营经济人士。推荐为人大代表候选人、政协委员以及在工商联等人民团体、社会组织中任职的民营经济人士，应当经综合评价，并征求企业党组织、民营企业党建工作机构和地方工会组织等有关方面的意见。

第四十八条 加强对党外代表人士的管理，重点了解掌握其政治表现、思想状况、履行职责、廉洁自律和个人重要事项变化情况，特别是在重大原则问题上的政治立场和态度。

统战部门负责牵头协调党外代表人士管理工作。党委有关部门、人大常委会和政协党组、党外代表人士所在单位党组织，应当各负其责，加强日常管理考核。发挥党外代表人士所在党派和团体自我管理、自我教育、自我监督的作用。

第四十九条 搞好党同党外代表人士的合作共事。坚持集体领导和个人分工负责相结合，保证党外干部对分管工作享有行政管理的指挥权、处理问题的决定权、人事任免的建议权。

第五十条 各级党委应当把党外代表人士队伍建设纳入干部和人才队伍建设总体规划，在优秀年轻干部队伍中统筹考虑党外干部。

建立健全组织部门、统战部门协作配合机制。在动议和讨论决定党外干部的任免、调动、交流前，应当征求统战部门的意见。

第十二章 统战部门自身建设

第五十一条 加强党的政治建设，履行全面从严治党主体责任，教育引导统战干部不忘初心、牢记使命，增强“四个意识”、坚定“四个自信”、做到“两个维护”，始终在政治立场、政治方向、政治原则、政治道路上同以习近平同志为核心的党中央保持高度一致，全面贯彻党的基本理论、基本路线、基本方略，确保党的意志和主张贯彻到统一战线工作各方面和全过程。

第五十二条 加强党的思想建设，用习近平新时代中国特色社会主义思想特别是习近平总书记关于加强和改进统一战线工作的重要思想武装头脑、指导实践、推动工作。

第五十三条 加强党的组织建设，贯彻新时代党的组织路线，坚持民主集中制，树立和坚持正确选人用人导向，加强干部培养、交流和锻炼，打造政治坚定、业务精通、作风过硬的统战干部队伍。

第五十四条 加强党的作风建设，坚决纠正“四风”，践行党的群众路线，教育、引导统战干部担当作为，加强同党外人士的团结联系，对党外人士待之以诚、动之以情、晓之以理、助之以实，做到诚恳谦和、平等待人、廉洁奉公。

第五十五条 加强党的纪律建设，做好纪检监察工作，监督约束统战干部严守政治纪律和政治规矩，始终做到知敬畏、存戒惧、守底线。

第十三章　保障和监督

第五十六条　各级党委和政府应当制定完善支持统一战线工作的政策，做好保障工作。

第五十七条　对统一战线工作先进集体和先进个人，按照有关规定给予表彰奖励。

第五十八条　各级党委（党组）应当落实全面从严治党主体责任，加强对本条例执行情况的监督检查，将本条例执行情况纳入领导班子、领导干部目标管理和考核体系，纳入政治巡视巡察、监督执纪问责范围。

第五十九条　违反本条例有关规定的，根据情节轻重以及危害程度，对相关党组织、党的领导干部进行问责。

第十四章　附　　则

第六十条　本条例由中央统战部负责解释。

第六十一条　本条例自发布之日起施行。

中国人民政治协商会议章程

（1982年12月11日中国人民政治协商会议第五届全国委员会第五次会议通过　根据1994年3月19日中国人民政治协商会议第八届全国委员会第二次会议通过的《中国人民政治协商会议章程修正案》、2000年3月11日中国人民政治协商会议第九届全国委员会第三次会议通过的《中国人民政治协商会议章程修正案》、2004年3月12日中国人民政治协商会议第十届全国委员会第二次会议通过的《中国人民政治协商会议章程修正案》、2018年3月15日中国人民政治协商会议第十三届全国委员会第一次会议通过的《中国人民政治协商会议章程修正案》和2023年3月11日中国人民政治协商会议第十四届全国委员会第一次会议通过的《中国人民政治协商会议章程修正案》修订）

目　录

总　纲

中国人民在长期的革命、建设、改革进程中，结成了由中国共产党领导的、以工农联盟为基础的，有各民主党派、无党派人士、人民团体、少数民族人士和各界爱国人士参加的，由全体社会主义劳动者、社会主义事业的建设者、拥护社会主义的爱国者、拥护祖国统一和致力于中华民族伟大复兴的爱国者组成的，包括香港特别行政区同胞、澳门特别行政区同胞、台湾同胞和海外侨胞在内的最广泛的爱国统一战线。

中华人民共和国宪法规定：中国共产党领导的多党合作和政治协商制度将长期存在和发展。

中国人民政治协商会议是中国共产党把马克思列宁主义统一战线理论、政党理论、民主政治理论同中国具体实际相结合、同中华优秀传统文化相结合的伟大成果，是中国共产党领导各民主党派、无党派人士、人民团体和各族各界人士在政治制度上进行的伟大创造。

中国人民政治协商会议是中国人民爱国统一战线的组织，是中国共产党领导的多党合作和政治协商的重要机构，是我国政治生活中发扬社会主义民主、实践全过程人民民主的重要形式，是社会主义协商民主的重要渠道和专门协商机构，是国家治理体系的重要组成部分，是具有中国特色的制度安排。团结和民主是中国人民政治协商会议的两大主题。一九四九年九月，中国人民政治协商会议第一届全体会议代行全国人民代表大会的职权，代表全国人民的意志，宣告中华人民共和国的成立，发挥了重要的历史作用。一九五四年第一届全国人民代表大会召开后，中国人民政治协商会议继续在国家的政治生活和社会生活以及对外友好活动中进行了许多工作，作出了重要的贡献。一九七八年十二月中国共产党十一届三中全会以来，在拨乱反正、巩固和发展安定团结的政治局面，实现国家工作中心向经济建设转移，推进改革开放和社会主义现代化建设，争取实现包括台湾在内的祖国统一，反对霸权主义、维护世界和平的斗争中，中国人民政治协商会议进一步发挥了重要作用。

中华人民共和国成立以后，我国各族人民在中国共产党的领导下，消灭了剥削制度，建立了社会主义制度，推进社会主义建设，进行改革开放新的伟大革命，开辟了中国特色社会主义道路。我国社会阶级状况发生了根本的变化。工农联盟更加巩固。知识分子同工人、农民一样是社会主义事业的依靠力量。在人民革命、建设、改革事业中同中国共产党一道前进、一道经受考验并作出重要贡献的各民主党派，已经成为各自所联系的一部分社会主义劳动者、社会主义事业的建设者和拥护社会主义的爱国者的政治联盟，是接受中国共产党领导、同中国共产党通力合作的亲密友党，是中国共产党的好参谋、好帮手、好同事，是中国特色社会主义参政党，日益发挥其重要作用。全国各民族已经形成平等团结互助和谐的社会主义民族关系。宗教界的爱国人士积极参加祖国的社会主义建设。非公有制经济人士、新的社会阶层人士等是中国特色社会主义事业的建设者。香港特别行政区同胞、澳门特别行政区同胞、台湾同胞和海外侨胞热爱祖国，拥护祖国统一，支援祖国建设事业。国家事业不断发展，我国的爱国统一战线具有更强大的生命力，仍然是中国人民团结奋斗、建设祖国和统一祖国的一个重要法宝，它将更加巩固，更加发展。

二〇一二年十一月中国共产党第十八次全国代表大会以来，中国特色社会主义进入新时代，在新中国成立特别是改革开放以来长期努力的基础上，国家事业取得历史性成就、发生历史性变革，实现第一个百年奋斗目标，开启了实现第二个百年奋斗目标新征程。我们比历史上任何时期都更接近、更有信心和能力实现中华民族伟大复兴的目标。在现阶段，我国社会主要矛盾是人民日益增长的美好生活需要和不平衡不充分的发展之间的矛盾。但我国仍处于并将长期处于社会主义初级阶段的基本国情没有变，我国是世界最大发展中国家的国际地位没有变。由于国内的因素和国际的影响，我国人民同国内外的敌对势力和敌对分子的斗争还将是长期的，阶级斗争还将在一定范围内长期存在，但已经不是我国社会的主要矛盾。我国各族人民的根本任务是，在中国共产党的领导下，沿着中国特色社会主义道路，坚持社会主义初级阶段的基本路线，以经济建设为中心，坚持四项基本原则，坚持改革开放，自力更生，艰苦创业，把我国建设成为富强民主文明和谐美丽的社会主义现代化强国，以中国式现代化全面推进中华民族伟大复兴。中国人民政治协商会议要在马克思列宁主义、毛泽东思想、邓小平理论、“三个代表”重要思想、科学发展观、习近平新时代中国特色社会主义思想指引下，坚持中国共产党的全面领导，增强“四个意识”、坚定“四个自信”、做到“两个维护”，高举爱国主义、社会主义旗帜，坚持大团结大联合，坚持一致性和多样性统一，在热爱中华人民共和国、拥护中国共产党的领导、拥护社会主义事业、共同致力于实现中华民族伟大复兴中国梦的政治基础上，进一步巩固和发展最广泛的爱国统一战线，加强海内外中华儿女大团结，调动一切积极因素，团结一切可能团结的人，找到最大公约数，画出最大同心圆，同心同德，群策群力，按照中国特色社会主义事业“五位一体”总体布局和“四个全面”战略布局，维护和发展安定团结的政治局面，不断促进社会主义物质文明、政治文明、精神文明、社会文明、生态文明的协调发展，为实现第二个百年奋斗目标、实现中华民族伟大复兴的中国梦而团结奋斗。

中国共产党领导的多党合作和政治协商制度是我国的一项基本政治制度，是具有中国特色的社会主义政党制度。中国人民政治协商会议是实行中国共产党领导的多党合作和政治协商制度的重要政治形式和组织形式。中国人民政治协商会议根据中国共产党同各民主党派和无党派人士长期共存、互相监督、肝胆相照、荣辱与共的方针，促进参加中国人民政治协商会议的各党派、无党派人士的团结合作，充分体现和发挥我国社会主义新型政党制度的特点和优势。

协商民主是我国社会主义民主政治的特有形式和独特优势。中国人民政治协商会议坚持中国共产党领导、统一战线、协商民主有机结合，坚持围绕中心、服务大局，坚持发扬民主和增进团结相互贯通、建言资政和凝聚共识双向发力，发挥专门协商机构作用，把协商民主贯穿履行职能全过程，在推动协商民主广泛多层制度化发展、推进国家治理体系和治理能力现代化中发挥不可替代的作用。

中国人民政治协商会议的一切活动以中华人民共和国宪法为根本的准则。

中国人民政治协商会议全国委员会和地方委员会，依法维护其参加单位和个人依照本章程履行职责的权利。

第一章　工作总则

第一条　中国人民政治协商会议全国委员会和地方委员会，依照中国人民政治协商会议章程进行工作。

第二条　中国人民政治协商会议全国委员会和地方委员会的工作原则是：坚持中国共产党领导，坚持人民政协性质定位，坚持大团结大联合，坚持发扬社会主义民主。

第三条　中国人民政治协商会议全国委员会和地方委员会的主要职能是政治协商、民主监督、参政议政，要把加强思想政治引领、广泛凝聚共识贯穿履职工作之中。

政治协商是对国家大政方针和地方的重要举措以及经济建设、政治建设、文化建设、社会建设、生态文明建设中的重要问题，在决策之前和决策实施之中进行协商。中国人民政治协商会议全国委员会和地方委员会可根据中国共产党、人民代表大会常务委员会、人民政府、民主党派、人民团体的提议，举行有各党派、团体的负责人和各族各界人士的代表参加的会议，进行协商，亦可建议上列单位将有关重要问题提交协商。

民主监督是对国家宪法、法律和法规的实施，重大方针政策、重大改革举措、重要决策部署的贯彻执行情况，涉及人民群众切身利益的实际问题解决落实情况，国家机关及其工作人员的工作等，通过提出意见、批评、建议的方式进行的协商式监督。

参政议政是对政治、经济、文化、社会生活和生态环境等方面的重要问题以及人民群众普遍关心的问题，开展调查研究，反映社情民意，进行协商讨论。通过调研报告、提案、建议案或其他形式，向中国共产党和国家机关提出意见和建议。

第四条 中国人民政治协商会议全国委员会和地方委员会应制定年度协商计划。专题议政性常务委员会会议议题、专题协商会议题及其他协商形式、监督形式的重要议题，应列入年度协商计划，做到协商议题和协商形式相匹配。要综合运用各种形式，集协商、监督、参与、合作于一体，完善以全体会议为龙头，以专题议政性常务委员会会议和专题协商会为重点，以协商座谈会、对口协商会、提案办理协商会等为常态的协商议政格局。

第五条 中国人民政治协商会议全国委员会和地方委员会贯彻中国共产党的基本理论、基本路线、基本方略，坚持以人民为中心的发展思想，坚持全面依法治国，宣传和执行国家的宪法、法律、法规和各项方针、政策，坚持总体国家安全观，推动社会力量积极参加社会主义物质文明、政治文明、精神文明、社会文明、生态文明的建设事业，更好满足人民日益增长的美好生活需要，更好推动人的全面发展、社会全面进步。

第六条 中国人民政治协商会议全国委员会和地方委员会坚持公有制为主体、多种所有制经济共同发展，按劳分配为主体、多种分配方式并存，社会主义市场经济体制等基本经济制度。毫不动摇地巩固和发展公有制经济，毫不动摇地鼓励、支持、引导非公有制经济发展。把握新发展阶段，贯彻创新、协调、绿色、开放、共享的新发展理念，加快构建以国内大循环为主体、国内国际双循环相互促进的新发展格局，推动高质量发展，建设现代化经济体系，发挥市场在资源配置中的决定性作用，更好发挥政府作用，促进社会生产力的解放和发展，逐步实现全体人民共同富裕。

第七条 中国人民政治协商会议全国委员会和地方委员会密切联系各方面人士，反映他们及其所联系的群众的意见和要求，对国家机关和国家工作人员的工作提出建议和批评，协助国家机关进行机构改革和体制改革，改进工作，提高工作效率，克服形式主义、官僚主义、享乐主义和奢靡之风，反对特权思想和特权现象，加强廉政建设。

第八条 中国人民政治协商会议全国委员会和地方委员会调整和处理统一战线各方面的关系和中国人民政治协商会议内部合作的重要事项。

第九条 中国人民政治协商会议全国委员会和地方委员会坚持中国特色社会主义文化发展道路，通过各种形式，传承和弘扬中华优秀传统文化，继承革命文化，发展社会主义先进文化，弘扬民族精神和时代精神，培育和践行社会主义核心价值观，开展爱祖国、爱人民、爱劳动、爱科学、爱社会主义的公德以及革命的理想、道德和纪律的宣传教育工作。

第十条 中国人民政治协商会议全国委员会和地方委员会坚持发展科学、繁荣文化的百花齐放、百家争鸣的方针，密切联系国家机关和其他有关组织，在政治、法治、经济、农业农村、社会、教育、科学技术、文化艺术、新闻出版、医药卫生、体育、资源环境等方面开展调查研究等活动，广开言路，广开才路，充分发挥委员的专长和作用。

中国人民政治协商会议全国委员会和地方委员会推动和协

助社会力量兴办各种有利于中国特色社会主义建设的事业。

第十一条 中国人民政治协商会议全国委员会和地方委员会组织委员视察、考察和调查，了解情况，就各项事业和群众生活的重要问题进行研究，通过建议案、提案、社情民意信息和其他形式向国家机关和其他有关组织提出建议和批评。

第十二条 中国人民政治协商会议全国委员会和地方委员会推动委员自觉学习马克思列宁主义、毛泽东思想、邓小平理论、“三个代表”重要思想、科学发展观、习近平新时代中国特色社会主义思想，组织学习时事政治，学习中共党史、新中国史、改革开放史、社会主义发展史，学习交流业务和科学技术知识，增强政治把握能力、调查研究能力、联系群众能力、合作共事能力。

第十三条 中国人民政治协商会议全国委员会和地方委员会宣传和参与贯彻执行国家关于统一祖国的方针政策，积极开展同台湾同胞和各界人士的联系，坚决反对一切分裂国家的活动，促进祖国统一大业的实现。

全面准确、坚定不移贯彻“一国两制”、“港人治港”、“澳人治澳”、高度自治的方针，严格依照宪法和基本法办事，落实“爱国者治港”、“爱国者治澳”原则，加强同香港特别行政区同胞、澳门特别行政区同胞的联系和团结，鼓励他们为保持香港、澳门长期繁荣稳定，为建设祖国和统一祖国作出贡献。

第十四条 中国人民政治协商会议全国委员会和地方委员会宣传和协助贯彻执行国家的科教兴国战略、人才强国战略、创新驱动发展战略和知识分子政策，尊重劳动、尊重知识、尊重人才、尊重创造，以利于充分发挥各类人才和知识分子在社会主义现代化建设中的作用。

第十五条 中国人民政治协商会议全国委员会和地方委员会宣传和协助贯彻执行国家的民族政策，坚定不移走中国特色解决民族问题的正确道路，坚持和完善民族区域自治制度，反映少数民族的意见和要求，促进发展民族地区的经济、文化、社会和生态保护事业，维护少数民族的合法权利和利益，深化民族团结进步教育，铸牢中华民族共同体意识，加强各民族交往交流交融，巩固和发展平等团结互助和谐的社会主义民族关系，为促进各民族共同团结奋斗、共同繁荣发展，增进各族人民的大团结和维护祖国的统一贡献力量。

第十六条 中国人民政治协商会议全国委员会和地方委员会宣传和协助贯彻执行国家的宗教信仰自由政策，支持政府依法管理宗教事务，坚持独立自主自办的原则，积极引导宗教与社会主义社会相适应，坚持我国宗教中国化方向，团结宗教界爱国人士和宗教信仰者为祖国的建设和统一贡献力量。

第十七条 中国人民政治协商会议全国委员会和地方委员会宣传和协助贯彻执行国家的侨务政策，加强同归侨、侨眷和海外侨胞的联系和团结，鼓励他们为祖国的建设事业和统一祖国的大业作出贡献。

第十八条 中国人民政治协商会议全国委员会和地方委员会宣传和协助贯彻执行国家的外交政策，根据具体情况，积极主动地开展人民外交活动，加强同各国人民的友好往来和合作，弘扬和平、发展、公平、正义、民主、自由的全人类共同价值，推动构建人类命运共同体。

第十九条 中国人民政治协商会议全国委员会和地方委员会根据统一战线组织的特点进行关于中国近代以来文史资料的征集、研究和出版工作。

第二十条 中国人民政治协商会议全国委员会加强同地方委员会的联系，沟通情况，交流经验，指导工作，研究地方委员会带共同性的问题。

第二章 组织总则

第二十一条 中国人民政治协商会议设全国委员会和地方委员会。

中国人民政治协商会议全国委员会对地方委员会的关系和地方委员会对下级地方委员会的关系是指导关系。

第二十二条 中国人民政治协商会议全国委员会由中国共产党、各民主党派、无党派人士、人民团体、各少数民族和各界的代表，香港特别行政区同胞、澳门特别行政区同胞、台湾同胞和归国侨胞的代表以及特别邀请的人士组成，设若干界别。

中国人民政治协商会议地方委员会的组成，根据当地情况，参照全国委员会的组成决定。

第二十三条 凡赞成本章程的党派和团体，经中国人民政治协商会议全国委员会常务委员会协商同意，得参加中国人民政治协商会议全国委员会。参加地方委员会者，由各级地方委员会按照本条上述规定办理。

第二十四条 参加中国人民政治协商会议全国委员会或地方委员会的单位和个人，都有遵守和履行本章程的义务。

第二十五条　中国人民政治协商会议地方委员会对全国委员会的全国性的决议，下级地方委员会对上级地方委员会的全地区性的决议，都有遵守和履行的义务。

第二十六条　中国人民政治协商会议全国委员会和地方委员会全体会议的议案，应经全体委员过半数通过。常务委员会的议案，应经常务委员会全体组成人员过半数通过。各参加单位和个人对会议的决议，都有遵守和履行的义务。如有不同意见，在坚决执行的前提下可以声明保留。

第二十七条　参加中国人民政治协商会议全国委员会和地方委员会的单位和个人，有通过本会会议和组织充分发表各种意见、参加讨论国家大政方针和各该地方重大事务的权利，对国家机关和国家工作人员的工作提出建议和批评的权利，以及对违纪违法行为检举揭发的权利，参加有关部门组织的调查和检查活动。

第二十八条　参加中国人民政治协商会议全国委员会和地方委员会的单位和个人，有声明退出的自由。

第二十九条　参加中国人民政治协商会议全国委员会和地方委员会的单位和个人，如果严重违反中国人民政治协商会议章程或全体会议和常务委员会的决议，由全国委员会常务委员会或地方委员会常务委员会分别依据情节给予警告处分，或撤销其参加中国人民政治协商会议全国委员会或地方委员会的资格。

受警告处分或撤销参加资格的单位或个人，如果不服，可以请求复议。

第三章　委　　员

第三十条　中国人民政治协商会议全国委员会委员和地方委员会委员应热爱祖国，拥护中国共产党的领导和社会主义事业，维护民族团结和国家统一，遵守国家的宪法和法律，保守国家秘密，廉洁自律，在本界别中有代表性，有社会影响和参政议政能力。

第三十一条　中国人民政治协商会议全国委员会委员经相关程序后，须由中国人民政治协商会议全国委员会常务委员会协商决定。地方委员会委员经相关程序后，须由各级地方委员会常务委员会协商决定。

第三十二条　中国人民政治协商会议全国委员会委员和地方委员会委员应当依照本章程积极履行职责，认真行使权利。

第三十三条　中国人民政治协商会议全国委员会委员和地方委员会委员，在本会会议上有表决权、选举权和被选举权；有对本会工作提出意见、批评、建议的权利。

第三十四条　中国人民政治协商会议全国委员会委员和地方委员会委员要坚持为国履职、为民尽责，密切联系群众，了解和反映他们的愿望和要求，参加本会组织的会议和活动。

第三十五条　中国人民政治协商会议全国委员会委员和地方委员会委员应当正确处理个人职业活动与履行职责的关系，不得利用委员身份牟取个人、小团体和特定关系人的利益。

第三十六条　中国人民政治协商会议全国委员会和地方委员会应当加强委员履职管理，建立委员履职档案，采取适当方式通报履职情况。

第三十七条 对严重损害国家和人民利益的，因严重违纪违法被给予组织处理、处分或被判刑以及涉嫌违纪违法正在接受调查处理的，在身份上弄虚作假的等，不得提名或继续提名为委员人选。

第三十八条 因工作变动或其他原因不宜继续担任委员的，本人应当辞去委员。对违反社会道德或存在与委员身份不符行为的，应当及时约谈或函询，经提醒仍不改正的，应当责令其辞去委员。

第三十九条 对违纪违法的委员，中国人民政治协商会议全国委员会常务委员会或地方委员会常务委员会应当依照法律和有关规定作出相应处理。常务委员会组成人员违纪违法的，可由常务委员会依照法律和有关规定作出处理决定，针对不同情形，相关处理决定待召开全体会议予以追认。

第四章 全国委员会

第四十条 每届中国人民政治协商会议全国委员会的参加单位、委员名额和人选及界别设置，经上届全国委员会主席会议审议同意后，由常务委员会协商决定。

每届全国委员会任期内，有必要增加或者变更参加单位、委员名额和决定人选时，经本届主席会议审议同意后，由常务委员会协商决定。

第四十一条 中国人民政治协商会议全国委员会每届任期五年。如遇非常情况，由常务委员会以全体组成人员的三分之二以上的多数通过，得延长任期。

第四十二条 中国人民政治协商会议全国委员会设主席，

副主席若干人和秘书长。

第四十三条　中国人民政治协商会议全国委员会全体会议每年举行一次。常务委员会认为必要时，得临时召集。

第四十四条　中国人民政治协商会议全国委员会全体会议行使下列职权：

（一）修改中国人民政治协商会议章程，监督章程的实施；

（二）选举全国委员会的主席、副主席、秘书长和常务委员，决定常务委员会组成人员的增加或者变更；

（三）协商讨论国家的大政方针以及经济建设、政治建设、文化建设、社会建设、生态文明建设中的重要问题，提出建议和批评；

（四）听取和审议常务委员会的工作报告、提案工作情况报告和其他报告；

（五）讨论本会重大工作原则、任务并作出决议。

第四十五条　中国人民政治协商会议全国委员会设常务委员会主持会务。

常务委员会由全国委员会主席、副主席、秘书长和常务委员组成，其候选人由参加中国人民政治协商会议全国委员会的各党派、团体、各民族和各界人士协商提名，经全国委员会全体会议选举产生。

常务委员会每年至少举行两次专题议政性会议。

第四十六条　中国人民政治协商会议全国委员会常务委员会行使下列职权：

（一）解释中国人民政治协商会议章程，监督章程的实施；

（二）召集并主持中国人民政治协商会议全国委员会全

体会议；每届第一次全体会议前召开全体委员参加的预备会议，选举第一次全体会议主席团，由主席团主持第一次全体会议；

（三）组织实现中国人民政治协商会议章程规定的任务；

（四）执行全国委员会全体会议的决议；

（五）全国委员会全体会议闭会期间，审查通过提交全国人民代表大会及其常务委员会或国务院的重要建议案；

（六）协商决定全国委员会委员；

（七）根据秘书长的提议，任免中国人民政治协商会议全国委员会副秘书长；

（八）决定中国人民政治协商会议全国委员会工作机构的设置和变动，并任免其领导成员。

第四十七条 中国人民政治协商会议全国委员会主席主持常务委员会的工作。副主席、秘书长协助主席工作。

主席、副主席、秘书长组成主席会议，处理常务委员会的重要日常工作。

主席会议受常务委员会的委托，主持下一届第一次全体会议预备会议。

第四十八条 中国人民政治协商会议全国委员会设副秘书长若干人，协助秘书长工作。设立办公厅，在秘书长领导下进行工作。

第四十九条 中国人民政治协商会议全国委员会根据工作需要，设立若干专门委员会及其他工作机构。专门委员会在常务委员会和主席会议领导下进行工作，发挥基础性作用。

第五章　地方委员会

第五十条　省、自治区、直辖市设中国人民政治协商会议的省、自治区、直辖市委员会；自治州、设区的市、县、自治县、不设区的市和市辖区，凡有条件的地方，均可设立中国人民政治协商会议各该地方的地方委员会。

第五十一条　每届中国人民政治协商会议地方委员会的参加单位、委员名额和人选及界别设置，经上届地方委员会主席会议审议同意后，由常务委员会协商决定。

每届地方委员会任期内，如有必要增加或者变更参加单位、委员名额和决定人选，经本届地方委员会主席会议审议同意后，由常务委员会协商决定。

第五十二条　中国人民政治协商会议各级地方委员会每届任期五年。

第五十三条　中国人民政治协商会议各级地方委员会设主席，副主席若干人和秘书长。

第五十四条　中国人民政治协商会议各级地方委员会的全体会议每年至少举行一次。

第五十五条　中国人民政治协商会议各级地方委员会全体会议行使下列职权：

（一）选举地方委员会的主席、副主席、秘书长和常务委员，决定常务委员会组成人员的增加或者变更；

（二）听取和审议常务委员会的工作报告、提案工作情况报告和其他报告；

（三）讨论并通过有关的决议；

（四）参与对国家和地方事务的重要问题的讨论，提出建议和批评。

第五十六条 中国人民政治协商会议各级地方委员会设常务委员会主持会务。

常务委员会由地方委员会主席、副主席、秘书长和常务委员组成，其候选人由参加各该地方委员会的各党派、团体、各民族和各界人士协商提名，经全体会议选举产生。

第五十七条 中国人民政治协商会议地方委员会常务委员会行使下列职权：

（一）召集并主持地方委员会全体会议；每届第一次全体会议前召开全体委员参加的预备会议，选举第一次全体会议主席团，由主席团主持第一次全体会议；

（二）组织实现中国人民政治协商会议章程规定的任务和全国委员会所作的全国性的决议以及上级地方委员会所作的全地区性的决议；

（三）执行地方委员会全体会议的决议；

（四）地方委员会全体会议闭会期间，审议通过提交同级地方人民代表大会及其常务委员会或人民政府的重要建议案；

（五）协商决定地方委员会委员；

（六）根据秘书长的提议，任免地方委员会的副秘书长；

（七）决定地方委员会工作机构的设置和变动，并任免其领导成员。

第五十八条 中国人民政治协商会议各级地方委员会的主席主持常务委员会的工作。副主席、秘书长协助主席工作。

主席、副主席、秘书长组成主席会议，处理常务委员会的重要日常工作。

主席会议受常务委员会的委托，主持下一届第一次全体会议预备会议。

第五十九条 中国人民政治协商会议各级地方委员会可以按照需要设副秘书长一人至数人，协助秘书长进行工作。

第六十条 省、自治区、直辖市的地方委员会设立办公厅，专门委员会及其他工作机构的设置，按照当地实际情况和工作需要，由常务委员会决定。

自治州、设区的市、县、自治县、不设区的市和市辖区的地方委员会的工作机构的设置，按照当地实际情况和工作需要，由常务委员会决定。

第六章 会 徽

第六十一条 中国人民政治协商会议会徽为一颗五角星、齿轮和麦穗、四面红旗和缎带、中国地图和地球、“1949”和“中国人民政治协商会议”组成的图案。

第六十二条 中国人民政治协商会议会徽中，一颗五角星表示中国共产党领导；齿轮和麦穗表示以工农联盟为基础；四面红旗和缎带表示各党派、各团体、各民族、各阶层的大团结大联合；中国地图和地球表示全国人民包括香港特别行政区同胞、澳门特别行政区同胞、台湾同胞和海外侨胞的团结；“1949”和“中国人民政治协商会议”分别为诞生时间、名称。

第六十三条 中国人民政治协商会议各参加单位和个人都要维护会徽的尊严。要按照规定制作和使用会徽。

中国人民政治协商会议章程修改前后内容对照表*

修改前		修改后	
		总纲第三自然段	**中国人民政治协商会议是中国共产党把马克思列宁主义统一战线理论、政党理论、民主政治理论同中国具体实际相结合、同中华优秀传统文化相结合的伟大成果，是中国共产党领导各民主党派、无党派人士、人民团体和各族各界人士在政治制度上进行的伟大创造。**
总纲第三自然段	中国人民政治协商会议是中国人民爱国统一战线的组织，是中国共产党领导的多党合作和政治协商的重要机构，是我国政治生活中发扬社会主义民主的重要形式，是国家治理体系的重要组成部分，是具有中国特色的制度安排。团结和民主是中国人民政治协商会议的两大主题。一九四九年九月，中国人民政治协商会议第一届全	总纲第四自然段	中国人民政治协商会议是中国人民爱国统一战线的组织，是中国共产党领导的多党合作和政治协商的重要机构，是我国政治生活中发扬社会主义民主、**实践全过程人民民主**的重要形式，是**社会主义协商民主的重要渠道和专门协商机构**，是国家治理体系的重要组成部分，是具有中国特色的制度安排。团结和民主是中国人民政治

* 注：条文中黑体字为新增加或修改的内容。

续表

修改前		修改后	
	体会议代行全国人民代表大会的职权，代表全国人民的意志，宣告中华人民共和国的成立，发挥了重要的历史作用。一九五四年第一届全国人民代表大会召开后，中国人民政治协商会议继续在国家的政治生活和社会生活以及对外友好活动中进行了许多工作，作出了重要的贡献。一九七八年十二月中国共产党十一届三中全会以来，在拨乱反正、巩固和发展安定团结的政治局面，实现国家工作中心向经济建设转移，推进改革开放和社会主义现代化建设，争取实现包括台湾在内的祖国统一，反对霸权主义、维护世界和平的斗争中，中国人民政治协商会议进一步发挥了重要作用。		协商会议的两大主题。一九四九年九月，中国人民政治协商会议第一届全体会议代行全国人民代表大会的职权，代表全国人民的意志，宣告中华人民共和国的成立，发挥了重要的历史作用。一九五四年第一届全国人民代表大会召开后，中国人民政治协商会议继续在国家的政治生活和社会生活以及对外友好活动中进行了许多工作，作出了重要的贡献。一九七八年十二月中国共产党十一届三中全会以来，在拨乱反正、巩固和发展安定团结的政治局面，实现国家工作中心向经济建设转移，推进改革开放和社会主义现代化建设，争取实现包括台湾在内的祖国统一，反对霸权主义、维护世界和平的斗争中，中国人民政治协商会议进一步发挥了重要作用。
总纲第四自然段	中华人民共和国成立以后，我国各族人民在中国共产党的领导下，消灭了剥削制度，建立了社会主义制度，推进社会主义建设，进行改革开放新的伟大革命，开辟了	总纲第五自然段	中华人民共和国成立以后，我国各族人民在中国共产党的领导下，消灭了剥削制度，建立了社会主义制度，推进社会主义建设，进行改革开放新的伟大革命，开辟了

续表

修改前		修改后	
	中国特色社会主义道路。我国社会阶级状况发生了根本的变化。工农联盟更加巩固。知识分子同工人、农民一样是社会主义事业的依靠力量。在人民革命、建设、改革事业中同中国共产党一道前进、一道经受考验并作出重要贡献的各民主党派，已经成为各自所联系的一部分社会主义劳动者、社会主义事业的建设者和拥护社会主义的爱国者的政治联盟，是中国特色社会主义参政党，日益发挥其重要作用。全国各民族已经形成平等团结互助和谐的社会主义民族关系。宗教界的爱国人士积极参加祖国的社会主义建设。非公有制经济人士、新的社会阶层人士等是中国特色社会主义事业的建设者。香港特别行政区同胞、澳门特别行政区同胞、台湾同胞和海外侨胞热爱祖国，拥护祖国统一，支援祖国建设事业。国家事业不断发展，我国的爱国统一战线具有更强大的生命力，仍然是中国人民团结战斗、建设祖国和统一祖国的一个		中国特色社会主义道路。我国社会阶级状况发生了根本的变化。工农联盟更加巩固。知识分子同工人、农民一样是社会主义事业的依靠力量。在人民革命、建设、改革事业中同中国共产党一道前进、一道经受考验并作出重要贡献的各民主党派，已经成为各自所联系的一部分社会主义劳动者、社会主义事业的建设者和拥护社会主义的爱国者的政治联盟，**是接受中国共产党领导、同中国共产党通力合作的亲密友党，是中国共产党的好参谋、好帮手、好同事**，是中国特色社会主义参政党，日益发挥其重要作用。全国各民族已经形成平等团结互助和谐的社会主义民族关系。宗教界的爱国人士积极参加祖国的社会主义建设。非公有制经济人士、新的社会阶层人士等是中国特色社会主义事业的建设者。香港特别行政区同胞、澳门特别行政区同胞、台湾同胞和海外侨胞热爱祖国，拥护祖国统一，支援祖国建设事业。国家事业不断

续表

	修改前		修改后
	重要法宝，它将更加巩固，更加发展。		发展，我国的爱国统一战线具有更强大的生命力，仍然是中国人民团结奋斗、建设祖国和统一祖国的一个重要法宝，它将更加巩固，更加发展。
总纲第五自然段	二〇一二年十一月中国共产党第十八次全国代表大会以来，在新中国成立特别是改革开放以来长期努力的基础上，国家事业发生了历史性变革，中国特色社会主义进入了新时代。我们比历史上任何时期都更接近、更有信心和能力实现中华民族伟大复兴的目标。在现阶段，我国社会主要矛盾是人民日益增长的美好生活需要和不平衡不充分的发展之间的矛盾。但我国仍处于并将长期处于社会主义初级阶段的基本国情没有变，我国是世界最大发展中国家的国际地位没有变。由于国内的因素和国际的影响，我国人民同国内外的敌对势力和敌对分子的斗争还将是长期的，阶级斗争还将在一定范围内长期存在，但已经不是我国社会的主要矛盾。我国各族人民的	**总纲第六自然段**	二〇一二年十一月中国共产党第十八次全国代表大会以来，**中国特色社会主义进入新时代**，在新中国成立特别是改革开放以来长期努力的基础上，国家事业**取得历史性成就**、发生历史性变革，**实现第一个百年奋斗目标，开启了实现第二个百年奋斗目标新征程**。我们比历史上任何时期都更接近、更有信心和能力实现中华民族伟大复兴的目标。在现阶段，我国社会主要矛盾是人民日益增长的美好生活需要和不平衡不充分的发展之间的矛盾。但我国仍处于并将长期处于社会主义初级阶段的基本国情没有变，我国是世界最大发展中国家的国际地位没有变。由于国内的因素和国际的影响，我国人民同国内外的敌对势力和敌对分子的斗争还将是长期的，阶级斗

续表

修改前	修改后
根本任务是，在中国共产党的领导下，沿着中国特色社会主义道路，坚持社会主义初级阶段的基本路线，以经济建设为中心，坚持四项基本原则，坚持改革开放，自力更生，艰苦创业，把我国建设成为富强民主文明和谐美丽的社会主义现代化强国。中国人民政治协商会议要在马克思列宁主义、毛泽东思想、邓小平理论、“三个代表”重要思想、科学发展观、习近平新时代中国特色社会主义思想指引下，高举爱国主义、社会主义旗帜，坚定中国特色社会主义道路自信、理论自信、制度自信、文化自信，坚持大团结大联合，坚持一致性和多样性统一，在热爱中华人民共和国、拥护中国共产党的领导、拥护社会主义事业、共同致力于实现中华民族伟大复兴中国梦的政治基础上，进一步巩固和发展爱国统一战线，调动一切积极因素，团结一切可能团结的人，找到最大公约数，画出最大同心圆，同心同德，群策群力，按照中国	争还将在一定范围内长期存在，但已经不是我国社会的主要矛盾。我国各族人民的根本任务是，在中国共产党的领导下，沿着中国特色社会主义道路，坚持社会主义初级阶段的基本路线，以经济建设为中心，坚持四项基本原则，坚持改革开放，自力更生，艰苦创业，把我国建设成为富强民主文明和谐美丽的社会主义现代化强国，**以中国式现代化全面推进中华民族伟大复兴**。中国人民政治协商会议要在马克思列宁主义、毛泽东思想、邓小平理论、“三个代表”重要思想、科学发展观、习近平新时代中国特色社会主义思想指引下，**坚持中国共产党的全面领导，增强“四个意识”、坚定“四个自信”、做到“两个维护”**，高举爱国主义、社会主义旗帜，坚持大团结大联合，坚持一致性和多样性统一，在热爱中华人民共和国、拥护中国共产党的领导、拥护社会主义事业、共同致力于实现中华民族伟大复兴中国梦的政治基础上，

续表

修改前		修改后	
	特色社会主义事业“五位一体”总体布局和“四个全面”战略布局，维护和发展安定团结的政治局面，不断促进社会主义物质文明、政治文明、精神文明、社会文明、生态文明的协调发展，为实现“两个一百年”奋斗目标、实现中华民族伟大复兴的中国梦而奋斗。		进一步巩固和发展**最广泛的**爱国统一战线，**加强海内外中华儿女大团结**，调动一切积极因素，团结一切可能团结的人，找到最大公约数，画出最大同心圆，同心同德，群策群力，按照中国特色社会主义事业“五位一体”总体布局和“四个全面”战略布局，维护和发展安定团结的政治局面，不断促进社会主义物质文明、政治文明、精神文明、社会文明、生态文明的协调发展，为实现**第二个百年**奋斗目标、实现中华民族伟大复兴的中国梦而**团结**奋斗。
总纲第七自然段	协商民主是我国社会主义民主政治的特有形式和独特优势。中国人民政治协商会议是社会主义协商民主的重要渠道和专门协商机构，要聚焦国家中心任务，把协商民主贯穿履行职能全过程，完善协商议政内容和形式，着力增进共识、促进团结，在推动协商民主广泛多层制度化发展、推进国家治理体系和治理能力现代化中发挥不可替代的作用。	**总纲第八自然段**	协商民主是我国社会主义民主政治的特有形式和独特优势。中国人民政治协商会议**坚持中国共产党领导、统一战线、协商民主有机结合，坚持围绕中心、服务大局，坚持发扬民主和增进团结相互贯通、建言资政和凝聚共识双向发力，发挥专门协商机构作用**，把协商民主贯穿履行职能全过程，在推动协商民主广泛多层制度化发展、推进国家治理体系和治理能力现代化中发挥不可替代的作用。

续表

修改前		修改后	
第三条第一款	中国人民政治协商会议全国委员会和地方委员会的主要职能是政治协商、民主监督、参政议政。	第三条第一款	中国人民政治协商会议全国委员会和地方委员会的主要职能是政治协商、民主监督、参政议政，**要把加强思想政治引领、广泛凝聚共识贯穿履职工作之中。**
第四条	中国人民政治协商会议全国委员会和地方委员会应制定年度协商计划。专题议政性常务委员会会议议题、专题协商会议题及其他协商形式的重要议题，应列入年度协商计划，做到协商议题和协商形式相匹配。要综合运用各种形式，集协商、监督、参与、合作于一体，完善以全体会议为龙头，以专题议政性常务委员会会议和专题协商会为重点，以协商座谈会、对口协商会、提案办理协商会等为常态的协商议政格局。	第四条	中国人民政治协商会议全国委员会和地方委员会应制定年度协商计划。专题议政性常务委员会会议议题、专题协商会议题及其他协商形式、**监督形式**的重要议题，应列入年度协商计划，做到协商议题和协商形式相匹配。要综合运用各种形式，集协商、监督、参与、合作于一体，完善以全体会议为龙头，以专题议政性常务委员会会议和专题协商会为重点，以协商座谈会、对口协商会、提案办理协商会等为常态的协商议政格局。
第五条	中国人民政治协商会议全国委员会和地方委员会贯彻中国共产党的基本理论、基本路线、基本方略，坚持以人民为中心的发展思想，坚持全面依法治国，宣传和执行国家的宪法、法律、法规	第五条	中国人民政治协商会议全国委员会和地方委员会贯彻中国共产党的基本理论、基本路线、基本方略，坚持以人民为中心的发展思想，坚持全面依法治国，宣传和执行国家的宪法、法律、法规

续表

修改前		修改后	
	和各项方针、政策，推动社会力量积极参加社会主义物质文明、政治文明、精神文明、社会文明、生态文明的建设事业，更好满足人民日益增长的美好生活需要，更好推动人的全面发展、社会全面进步。		和各项方针、政策，**坚持总体国家安全观**，推动社会力量积极参加社会主义物质文明、政治文明、精神文明、社会文明、生态文明的建设事业，更好满足人民日益增长的美好生活需要，更好推动人的全面发展、社会全面进步。
第六条	中国人民政治协商会议全国委员会和地方委员会坚持公有制为主体、多种所有制经济共同发展的基本经济制度。毫不动摇地巩固和发展公有制经济，毫不动摇地鼓励、支持、引导非公有制经济发展。坚持按劳分配为主体、多种分配方式并存的分配制度。坚持发展社会主义市场经济，贯彻新发展理念，建设现代化经济体系，发挥市场在资源配置中的决定性作用，更好发挥政府作用，促进社会生产力的解放和发展，逐步实现全体人民共同富裕。	第六条	中国人民政治协商会议全国委员会和地方委员会坚持公有制为主体、多种所有制经济共同发展，**按劳分配为主体、多种分配方式并存，社会主义市场经济体制等**基本经济制度。毫不动摇地巩固和发展公有制经济，毫不动摇地鼓励、支持、引导非公有制经济发展。**把握新发展阶段**，贯彻**创新、协调、绿色、开放、共享的**新发展理念，**加快构建以国内大循环为主体、国内国际双循环相互促进的新发展格局，推动高质量发展**，建设现代化经济体系，发挥市场在资源配置中的决定性作用，更好发挥政府作用，促进社会生产力的解放和发展，逐步实现全体人民共同富裕。

续表

修改前		修改后	
第七条	中国人民政治协商会议全国委员会和地方委员会密切联系各方面人士，反映他们及其所联系的群众的意见和要求，对国家机关和国家工作人员的工作提出建议和批评，协助国家机关进行机构改革和体制改革，改进工作，提高工作效率，克服形式主义、官僚主义、享乐主义和奢靡之风，加强廉政建设。	第七条	中国人民政治协商会议全国委员会和地方委员会密切联系各方面人士，反映他们及其所联系的群众的意见和要求，对国家机关和国家工作人员的工作提出建议和批评，协助国家机关进行机构改革和体制改革，改进工作，提高工作效率，克服形式主义、官僚主义、享乐主义和奢靡之风，**反对特权思想和特权现象，**加强廉政建设。
第十条第一款	中国人民政治协商会议全国委员会和地方委员会坚持发展科学、繁荣文化的百花齐放、百家争鸣的方针，密切联系国家机关和其他有关组织，在政治、法治、经济、教育、科学技术、文化艺术、新闻出版、医药卫生、体育、环境等方面开展调查研究等活动，广开言路，广开才路，充分发挥委员的专长和作用。	第十条第一款	中国人民政治协商会议全国委员会和地方委员会坚持发展科学、繁荣文化的百花齐放、百家争鸣的方针，密切联系国家机关和其他有关组织，在政治、法治、经济、**农业农村、社会、**教育、科学技术、文化艺术、新闻出版、医药卫生、体育、**资源**环境等方面开展调查研究等活动，广开言路，广开才路，充分发挥委员的专长和作用。
第十二条	中国人民政治协商会议全国委员会和地方委员会推动委员自觉学习马克思列宁主义、毛泽东思想、邓小平	第十二条	中国人民政治协商会议全国委员会和地方委员会推动委员自觉学习马克思列宁主义、毛泽东思想、邓小平

续表

修改前		修改后	
	理论、“三个代表”重要思想、科学发展观、习近平新时代中国特色社会主义思想，组织学习时事政治，学习交流业务和科学技术知识，增强政治把握能力、调查研究能力、联系群众能力、合作共事能力。		理论、“三个代表”重要思想、科学发展观、习近平新时代中国特色社会主义思想，组织学习时事政治，**学习中共党史、新中国史、改革开放史、社会主义发展史，**学习交流业务和科学技术知识，增强政治把握能力、调查研究能力、联系群众能力、合作共事能力。
第十三条第二款	全面准确贯彻“一国两制”、“港人治港”、“澳人治澳”、高度自治的方针，严格依照宪法和基本法办事，加强同香港特别行政区同胞、澳门特别行政区同胞的联系和团结，鼓励他们为保持香港、澳门长期繁荣稳定，为建设祖国和统一祖国作出贡献。	**第十三条第二款**	全面准确、**坚定不移**贯彻“一国两制”、“港人治港”、“澳人治澳”、高度自治的方针，严格依照宪法和基本法办事，**落实“爱国者治港”、“爱国者治澳”原则，**加强同香港特别行政区同胞、澳门特别行政区同胞的联系和团结，鼓励他们为保持香港、澳门长期繁荣稳定，为建设祖国和统一祖国作出贡献。
第十四条	中国人民政治协商会议全国委员会和地方委员会宣传和协助贯彻执行国家的人才强国战略和知识分子政策，尊重劳动、尊重知识、尊重人才、尊重创造，以利于充分发挥各类人才和知识分子在社会主义现代化建设中的作用。	**第十四条**	中国人民政治协商会议全国委员会和地方委员会宣传和协助贯彻执行国家的**科教兴国战略、**人才强国战略、**创新驱动发展战略**和知识分子政策，尊重劳动、尊重知识、尊重人才、尊重创造，以利于充分发挥各类人才和知识分子在社会主义现代化建设中的作用。

续表

修改前		修改后	
第十五条	中国人民政治协商会议全国委员会和地方委员会宣传和协助贯彻执行国家的民族政策，反映少数民族的意见和要求，促进发展民族地区的经济、文化、社会和生态保护事业，维护少数民族的合法权利和利益，坚持和完善民族区域自治制度，深化民族团结进步教育，铸牢中华民族共同体意识，加强各民族交往交流交融，巩固和发展平等团结互助和谐的社会主义民族关系，为促进各民族共同团结奋斗、共同繁荣发展，增进各族人民的大团结和维护祖国的统一贡献力量。	第十五条	中国人民政治协商会议全国委员会和地方委员会宣传和协助贯彻执行国家的民族政策，**坚定不移走中国特色解决民族问题的正确道路，坚持和完善民族区域自治制度，**反映少数民族的意见和要求，促进发展民族地区的经济、文化、社会和生态保护事业，维护少数民族的合法权利和利益，深化民族团结进步教育，铸牢中华民族共同体意识，加强各民族交往交流交融，巩固和发展平等团结互助和谐的社会主义民族关系，为促进各民族共同团结奋斗、共同繁荣发展，增进各族人民的大团结和维护祖国的统一贡献力量。
第十六条	中国人民政治协商会议全国委员会和地方委员会宣传和协助贯彻执行国家的宗教信仰自由政策，支持政府依法管理宗教事务，坚持独立自主自办的原则，积极引导宗教与社会主义社会相适应，坚持我国宗教的中国化方向，团结宗教界爱国人士和宗教信仰者为祖国的建设和统一贡献力量。	第十六条	中国人民政治协商会议全国委员会和地方委员会宣传和协助贯彻执行国家的宗教信仰自由政策，支持政府依法管理宗教事务，坚持独立自主自办的原则，积极引导宗教与社会主义社会相适应，坚持我国宗教中国化方向，团结宗教界爱国人士和宗教信仰者为祖国的建设和统一贡献力量。

续表

修改前		修改后	
第十八条	中国人民政治协商会议全国委员会和地方委员会宣传和协助贯彻执行国家的外交政策，根据具体情况，积极主动地开展人民外交活动，加强同各国人民的友好往来和合作，推动构建人类命运共同体。	第十八条	中国人民政治协商会议全国委员会和地方委员会宣传和协助贯彻执行国家的外交政策，根据具体情况，积极主动地开展人民外交活动，加强同各国人民的友好往来和合作，**弘扬和平、发展、公平、正义、民主、自由的全人类共同价值**，推动构建人类命运共同体。
第三十四条	中国人民政治协商会议全国委员会委员和地方委员会委员要密切联系群众，了解和反映他们的愿望和要求，参加本会组织的会议和活动。	第三十四条	中国人民政治协商会议全国委员会委员和地方委员会委员要**坚持为国履职、为民尽责**，密切联系群众，了解和反映他们的愿望和要求，参加本会组织的会议和活动。
第三十九条	对违纪违法的委员，中国人民政治协商会议全国委员会常务委员会或地方委员会常务委员会应当依照法律和有关规定作出相应处理。	第三十九条	对违纪违法的委员，中国人民政治协商会议全国委员会常务委员会或地方委员会常务委员会应当依照法律和有关规定作出相应处理。**常务委员会组成人员违纪违法的，可由常务委员会依照法律和有关规定作出处理决定，针对不同情形，相关处理决定待召开全体会议予以追认。**

续表

修改前		修改后	
第四十八条	中国人民政治协商会议全国委员会设副秘书长若干人，协助秘书长进行工作。设立办公厅，在秘书长领导下进行工作。	第四十八条	中国人民政治协商会议全国委员会设副秘书长若干人，协助秘书长工作。设立办公厅，在秘书长领导下进行工作。
第四十九条	中国人民政治协商会议全国委员会根据工作需要，设立若干专门委员会及其他工作机构，由常务委员会决定。专门委员会在工作中应发挥基础性作用。	第四十九条	中国人民政治协商会议全国委员会根据工作需要，设立若干专门委员会及其他工作机构。专门委员会在**常务委员会和主席会议领导下进行工作，**发挥基础性作用。
第五十二条	中国人民政治协商会议的省、自治区、直辖市、自治州、设区的市、县、自治县、不设区的市和市辖区的地方委员会每届任期五年。	第五十二条	中国人民政治协商会议**各级**地方委员会每届任期五年。

中共中央关于坚持和完善中国共产党领导的多党合作和政治协商制度的意见

（1989 年 12 月 30 日）

中国共产党领导的多党合作和政治协商制度是我国一项基本政治制度。中国共产党和各民主党派团结合作，互相监督，共同致力于建设有中国特色的社会主义和统一祖国、振兴中华的伟大事业。我国实行的共产党领导、多党合作的政党体制是我国政治制度的特点和优点。它根本不同于西方资本主义国家的多党制或两党制，也有别于一些社会主义国家实行的一党制。它是马克思列宁主义同中国革命与建设相结合的一个创造，是符合中国国情的社会主义政党制度。坚持和完善这项制度，是我国政治体制改革的一项重要内容，对巩固扩大爱国统一战线，发扬社会主义民主，促进全国各族人民大团结，实现党和国家的总任务具有重要意义。

中国共产党领导的多党合作和政治协商制度是在长期革命与建设中形成和发展起来的。在民主革命时期，各民主党派同中国共产党长期合作，共同奋斗，为争取新民主主义革命胜利和建立中华人民共和国作出了重要贡献。新中国成立后，各民主党派参加了人民政权和人民政协的工作，为巩固人民民主专政，顺利实现社会主义改造和促进社会主义事业的发展，推进改革开放，进行社会主义现代化建设，发挥了重要作用。实践证明，各民主党派是同中国共产党长期风雨同舟、患难与共的亲密战友，是我国爱国统一战线的一支重要力量，也是维护我国安定团结、促进社会主义现代化建设和祖国统一的一支重要力量。中国共产党和各民主党派的共同任务，就是坚持社会主义初级阶段的基本路线，为把我国建设成为富强、民主、文明的社会主义现代化国家，为统一祖国、振兴中华而奋斗。

我国是人民民主专政的社会主义国家。中国共产党是社会主义事业的领导核心，是执政党。各民主党派是各自所联系的一部分社会主义劳动者和一部分拥护社会主义的爱国者的政治联盟，是接受中国共产党领导的，同中共通力合作、共同致力于社会主义事业的亲密友党，是参政党。我国的多党合作必须坚持中国共产党的领导，必须坚持四项基本原则，这是中国共产党同各民主党派合作的政治基础。中共对各民主党派的领导是政治领导，即政治原则、政治方向和重大方针政策的领导。中共各级党委都要加强和改善对民主党派的领导，进一步加强和发展同民主党派的合作，支持各民主党派为社会主义物质文明和精神文明建设服务，为推进“一国两制”，实现祖国统一服务。

“长期共存、互相监督、肝胆相照、荣辱与共”，是中国共产党同各民主党派合作的基本方针。中共处于执政党的地位，领导着拥有十一亿人口的国家政权，非常需要听到各种意见和批评，接受广大人民群众的监督。各民主党派是反映人民群众意见、发挥监督作用的一条重要渠道。充分发挥和加强民主党派参政和监督的作用，对于加强和改善共产党的领导，推进社会主义民主政治建设，保持国家长治久安，促进改革开放和现代化建设事业的发展，具有重要的意义。

民主党派参政的基本点是：参加国家政权，参与国家大政方针和国家领导人选的协商，参与国家事务的管理，参与国家方针、政策、法律、法规的制定执行。

发挥民主党派监督作用的总原则是：在四项基本原则的基础上，发扬民主，广开言路，鼓励和支持民主党派与无党派人士对党和国家的方针政策、各项工作提出意见、批评、建议，做到知无不言，言无不尽，并且勇于坚持正确的意见。

中国共产党和各民主党派都必须以宪法为根本活动准则，负有维护宪法尊严、保证宪法实施的职责。民主党派享有宪法规定的权利和义务范围内的政治自由、组织独立和法律地位平等。中共支持民主党派独立自主地处理自己内部事务，帮助他们改善工作条件，支持他们开展各项活动，维护本组织成员及其所联系群众的合法利益和合理要求。

中国共产党和各民主党派共同负有保卫国家安全、维护社会安定团结的责任，决不允许存在反对四项基本原则、危害国家政权的政治组织，一经发现，应依法取缔。

一、加强中国共产党和各民主党派之间的合作与协商

（1）中共同民主党派进行政治协商，是中国共产党领导的多党合作和政治协商制度的一项重要内容。总结建国以来行之有效的经验，主要采取以下几种协商形式：

中共中央主要领导人邀请各民主党派主要领导人和无党派的代表人士举行民主协商会，就中共中央将要提出的大政方针问题进行协商。这种会议一般每年举行一次。

中共中央主要领导人根据形势需要，不定期地邀请民主党派主要领导人和无党派的代表人士举行高层次、小范围的谈心活动，就共同关心的问题自由交谈、沟通思想、征求意见。

由中共召开民主党派、无党派人士座谈会，通报或交流重要情况，传达重要文件，听取民主党派、无党派人士提出的政策性建议或讨论某些专题。这种会议大体每两月举行一次。重大事件随时通报。有的座谈会亦可委托中共全国政协党组举行。

除会议协商以外，各民主党派和无党派人士可就国家大政方针和现代化建设中的重大问题向中共中央提出书面的政策性建议，也可约请中共中央负责人交谈。

上述各种协商形式，原则上也适用于中共地方党委和民主党派地方组织之间的协商活动。

(2) 中共各级党委的负责人要同民主党派负责人保持联系，交知心朋友，交诤友，在政治上、思想上互相了解和帮助。中共党委有关部门要加强与民主党派的协作，积极支持他们开展工作。在有民主党派组织的基层单位，中共党组织应经常召开座谈会，认真听取民主党派的意见，发挥他们的作用。中共同民主党派在团结合作中也会出现矛盾，应当在四项基本原则的基础上，进行民主协商，按照“团结——批评——团结”的公式，求得正确解决。

(3) 中共各级党委统战部负责协助党委同各民主党派保持密切联系，了解情况，协调关系，贯彻中共中央的方针政策，帮助民主党派解决工作中的实际问题。

二、进一步发挥民主党派成员、无党派人士在人民代表大会中的作用

(4) 人民代表大会制度是我国的根本政治制度。人民代表大会是我国人民行使国家权力的机关，也是民主党派成员、无党派人士参政议政和发挥监督作用的重要机构。

民主党派成员、无党派人士中的人大代表在人大中以人民代表的身份，依照《宪法》及《全国人民代表大会组织法》、《全国人民代表大会议事规则》等法律进行活动。

（5）要保证民主党派成员、无党派人士在全国人大代表、人大常委会委员和人大常设专门委员会委员中占有适当比例，并可聘请有相应专长的民主党派成员、无党派人士担任专门委员会顾问。

在省、自治区、直辖市的人大中应保证民主党派成员、无党派人士占适当比例。

在市、州、县人大中应保证无党派人士占适当比例。在有民主党派组织的市、州、县应保证民主党派成员在人大中占适当比例。

（6）中共人大党组成员应与担任人大领导职务的民主党派和无党派人士经常交流情况，沟通思想，交换意见。

（7）人大、人大常委会在组织关于特定问题的调查委员会，人大各专门委员会在组织有关问题的调查研究时，吸收人大代表中的民主党派成员和无党派人士参加，并可聘请民主党派、无党派的专家。

三、举荐民主党派成员、无党派人士担任政府及各级司法机关的领导职务

（8）民主党派成员和无党派人士担任国家和政府的领导职务，是实现共产党领导的多党合作的一项重要内容。应采取切实措施，选配民主党派成员、无党派人士担任国务院及其有关部委和县以上地方政府及其有关部门的领导职务。

（9）选配民主党派成员和无党派人士担任政府领导职务，要坚持德才兼备原则和干部“四化”方针。考虑到目前的实际情况，对民主党派成员、无党派人士的年龄要求和任职资历可适当放宽。中共各级党委统战部门、组织部门和政府人事部门要对民主党派推荐的适合任职条件的人选，做好考察和培养工作。

（10）国务院和各级地方政府召开全体会议和有关会议讨论工作时，可视需要邀请有关民主党派和无党派人士列席。

政府及其有关部门可聘请民主党派成员和无党派人士兼职、任顾问或参加咨询机构，也可就某些专题，请民主党派进行调查研究、提出建议。政府有关部门可就专业性问题同民主党派对口协商，在决定某些重大政策措施前，组织有关民主党派座谈，征求意见。注意在政府参事室中适当安排民主党派成员和无党派人士，发挥他们的咨询作用。

（11）推举符合条件的民主党派成员和无党派人士担任检察、审判机关的领导职务。聘请一批符合条件和有专门知识的民主党派成员、无党派人士担任特约监察员、检察员、审计员和教育督导员等。

政府监察、审计、工商等部门组织的重大案件的调查，以及税收等检查，可吸收民主党派成员、无党派人士参加。

（12）民主党派要按照国家的政策规定，有计划地开展对台湾同胞、港澳同胞、海外侨胞和外籍华人的联谊工作，协助引进资金、技术和人才，发展经济往来，推进大陆与台湾、香港、澳门及海外的科技、文化、学术、体育交流。有关部门要积极给予协助和指导。

（13）民主党派开展经济、科技、教育、法律、医卫、文化等咨询及社会服务工作，要以服务为宗旨，注重社会效益。政府有关部门要创造必要的条件，积极支持民主党派为社会主义现代化建设和统一祖国事业多做贡献。

（14）在政府部门任职的共产党员和非共产党人士都是国家公务人员，必须严格遵守政纪、法纪，全心全意为人民服务。中共组织及中共党员尤其是领导干部，应当尊重非共产党人士的职权，同他们建立起良好的合作共事关系。

四、进一步发挥民主党派在人民政协中的作用

（15）人民政协是我国爱国统一战线组织，也是共产党领导的多党合作和政府协商的一种重要组织形式。人民政协应当成为各党派、各人民团体、各界代表人物团结合作、参政议政的重要场所。

人民政协要对国家大政方针、地方重要事务、政策法令的贯彻、群众生活和统一战线中的重大问题，加强政治协商和民主监督。政协全国委员会制定的《关于政治协商、民主监督的暂行规定》，应当认真贯彻执行。

（16）在政协的各种会议上，要切实保障政协委员提出批评的自由和发表不同意见的自由。

在政协会议上，民主党派可以本党派名义发言、提出提案。

（17）要保证民主党派和无党派人士在政协常委和政协领导成员中占有一定比例。政协各专门委员会要有民主党派和无党派人士参加，政协机关中应有一定数量的民主党派和无党派人士担任专职领导干部，并真正做到有职、有权、有责。政协机关要更好地为民主党派开展活动创造条件。注意安排民主党派和无党派人士参加有关的出国访问和国际活动。

（18）尊重民主党派和无党派政协委员的视察、举报及参与调查和检查活动的权利。对他们的提案和举报，有关部门应认真研究处理，及时答复。

（19）中共和政府有关部门应同政协及其有关专门委员会建立联系，发挥它们在决策咨询中的作用。

（20）政协要根据政协章程的规定，组织和推动政协委员在自愿的基础上学习马克思列宁主义、毛泽东思想，学习中国共产党和国家的方针政策，学习时事政治，以利于统一认识，增进共同政治基础上的团结合作。

五、支持民主党派加强自身建设

（21）为了坚持和不断完善中国共产党领导的多党合作和政治协商制度，民主党派需要加强思想建设和组织建设，首先是民主党派各级领导班子的建设。民主党派中央和省级组织的老一辈领导人，为国家作出了重要贡献，要继续发挥他们的影响和作用。同时，要积极培养一批拥护四项基本原则、拥护改革开放、有一定群众基础和组织领导能力的中青年，逐步充实到领导班子。中共各级党委和有关部门要协助各民主党派做好这项工作。

（22）各民主党派要注意提高成员的素质。吸收新成员要注意政治质量，德才并重。发展组织要坚持已协商确定的范围和对象，坚持以大中城市、有一定代表性的人士为主。各民主党派之间在发展组织上遇有交叉时，应在尊重本人自愿的基础上，由有关党派相互协商解决。

（23）民主党派应发扬自我教育的优良传统，对成员加强思想政治工作，深入进行坚持四项基本原则和反对资产阶级自由化的教育、爱国主义和社会主义的教育、国情教育以及民主党派同中共长期合作的优良传统的教育。

办好中央和省一级的社会主义学院，作为民主党派和无党派人士的联合党校。马克思列宁主义、毛泽东思想应列为社会主义学院的必修课。政府应从师资和经费上给予切实支持。

民主党派报刊要坚持四项基本原则，宣传国家的方针政策，并有自己的特色。

（24）民主党派需要采取有效措施加强机关建设，提高机关干部的政治素质和业务水平，并根据国家的干部政策、人事制度和有关规定，加强对机关干部任免、调动的管理。

中共中央关于进一步加强中国共产党领导的多党合作和政治协商制度建设的意见

（2005 年 2 月 18 日）

《中共中央关于坚持和完善中国共产党领导的多党合作和政治协商制度的意见》（中发〔1989〕14 号）下发以来，爱国统一战线和多党合作事业蓬勃发展，在促进我国改革开放和社会主义现代化建设、推动祖国统一大业中，发挥了重大作用。为适应国际国内形势的深刻变化，发展社会主义民主政治，建设社会主义政治文明，推进中国特色社会主义伟大事业，必须进一步加强中国共产党领导的多党合作和政治协商制度建设。

一、中国共产党领导的多党合作和政治协商制度是我国的一项基本政治制度，是具有中国特色的社会主义政党制度

1. 确立和实行中国共产党领导的多党合作和政治协商制度，是中国社会历史发展的必然选择，是中国共产党和中国人民政治智慧的结晶。以毛泽东同志为核心的中共第一代中央领导集体，把马克思主义政党理论和统一战线理论同中国实际相结合，与民主党派和无党派人士一起，创立了中国共产党领导的多党合作和政治协商制度。1949 年人民政协的成立，标志着这项制度的确立。以邓小平同志为核心的中共第二代中央领导集体，提出了一整套有关多党合作和政治协商的理论和政策，进一步巩固和发展了中国共产党领导的多党合作和政治协商制度。以江泽民同志为核心的中共第三代中央领导集体，适应时代发展要求，对坚持和完善中国共产党领导的多党合作和政治协商制度提出了一系列新思想、新观点、新论断。八届全国人大一次会议把这项制度将长期存在和发展载入宪法。中共十六大以来，以胡锦涛同志为总书记的中共中央继往开来、与时俱进，着眼于社会主义政治文明建设，继续推进我国多党合作事业的发展。

2. 坚持和完善中国共产党领导的多党合作和政治协商制度是建设社会主义政治文明的重要内容。我国是人民民主专政的社会主义国家，同这种国体相适应的政权组织形式是人民代表大会制度，同这种国体相适应的政党制度是中国共产党领导的多党合作和政治协商制度。这一政党制度的显著特征是：共产党领导、多党派合作，共产党执政、多党派参政。这反映了人民当家作主的社会主义民主的本质，体现了我国政治制度的特点和优势，具有巨大的优越性和强大的生命力。在新的历史条件下，发展社会主义民主政治、建设社会主义政治文明，其中一个重要方面就是坚持和完善中国共产党领导的多党合作和政治协商制度，扩大各界人士有序的政治参与，拓宽社会利益表达渠道，促进社会和谐发展，实现中国共产党的领导、人民当家作主和依法治国的有机统一。

3. 中国共产党和各民主党派在多党合作和政治协商的长期实践中形成了一些重要政治准则，必须认真坚持和遵循。主要是：坚持以马克思列宁主义、毛泽东思想、邓小平理论和“三个代表”重要思想为指导，坚持中国共产党的领导，坚持社会主义初级阶段的基本路线、基本纲领和基本经验，坚持长期共存、互相监督、肝胆相照、荣辱与共的基本方针，保持宽松稳定、团结和谐的政治环境。中国共产党和各民主党派都必须以宪法为根本活动准则，负有维护宪法尊严、保证宪法实施的职责。

4. 发展是中国共产党执政兴国的第一要务，也是各民主党派参政议政的第一要务。多党合作和政治协商要牢牢把握发展这个根本任务，树立和落实科学发展观，紧紧围绕经济建设这个中心，自觉服务于改革发展稳定的大局，把各方面的智慧和力量凝聚到实现全面建设小康社会的奋斗目标上来，促进社会主义物质文明、政治文明、精神文明的协调发展和人的全面发展，实现中华民族的伟大复兴。

5. 坚持从我国国情出发，不断发展和完善我国社会主义政党制度。衡量我国的政治制度和政党制度，最根本的是要从我国的国情出发，以能否促进社会生产力持续发展和社会全面进步，能否保持和发挥社会主义制度的特点和优势，能否实现和发展人民民主、增强党和国家的活力，能否保持国家政局的稳定和社会安定团结，能否实现和维护最广大人民的根本利益为标准。坚持和完善我国的政党制度，要借鉴人类政治文明的有益成果，但绝不能照抄照搬别国政治制度的模式。

6. 各民主党派同中国共产党长期风雨同舟、患难与共，为中国革命、建设、改革事业作出了重要贡献。在新世纪新阶段，民主党派是各自所联系的一部分社会主义劳动者、社会主义事业建设者和拥护社会主义爱国者的政治联盟，是接受中国共产党领导、同中国共产党通力合作的亲密友党，是进步性与广泛性相统一、致力于中国特色社会主义事业的参政党。民主党派组织各自成员积极参与社会主义现代化建设，反映和代表各自所联系群众的具体利益和要求，同香港特别行政区同胞、澳门特别行政区同胞、台湾同胞和海外侨胞有着广泛联系，是发展先进生产力、社会主义民主政治、社会主义先进文化和构建社会主义和谐社会的一支重要力量，也是实现祖国统一、民族振兴的一支重要力量。

7. 发挥无党派人士的作用是坚持和完善中国共产党领导的多党合作和政治协商制度的必然要求。无党派人士是我国政治生活中的一支重要力量。目前，无党派人士是指没有参加任何党派、对社会有积极贡献和一定影响的人士，其主体是知识分子。应充分发挥无党派人士的自身优势，鼓励和支持无党派人士在参政议政、民主监督中发挥积极作用。要积极稳妥地培养、选拔和安排新一代无党派代表人士，推进新老交替。

8. 人民政协是中国人民爱国统一战线的组织，是中国共产党领导的多党合作和政治协商的重要机构，是我国政治生活中发扬社会主义民主的重要形式。人民政协要围绕团结和民主两大主题，认真履行政治协商、民主监督、参政议政的职能。要围绕中心、服务大局，突出特点、发挥优势，努力促进参加政协的各党派、无党派人士开展协商，团结合作。要广泛联系社会各界人士，畅通反映社情民意的渠道，广开言路、广求良策、广谋善举，为巩固和发展民主团结、生动活泼、安定和谐的政治局面发挥积极作用。

二、进一步完善政治协商的内容、形式和程序

9. 坚持政治协商的原则。政治协商是中国共产党领导的多党合作和政治协商制度的重要组成部分，是实行科学民主决策的重要环节，是中国共产党提高执政能力的重要途径。把政治协商纳入决策程序，就重大问题在决策前和决策执行中进行协商，是政治协商的重要原则。

10. 完善中国共产党同各民主党派的政治协商。中国共产党同各民主党派政治协商，主要采取民主协商会、小范围谈心会、座谈会等形式。除会议协商外，民主党派中央可向中共中央提出书面建议。协商的内容包括：中共全国代表大会、中共中央委员会的重要文件；宪法和重要法律的修改建议；国家领导人的建议人选；关于推进改革开放的重要决定；国民经济和社会发展的中长期规划；关系国家全局的一些重大问题；通报重要文件和重要情况并听取意见，以及其他需要同民主党派协商的重要问题等。

要进一步完善协商的程序。中共中央根据年度工作重点，研究提出全年政治协商规划；协商的议题提前通知各民主党派和有关无党派代表人士，并提供相关材料；各民主党派应对协商议题集体研究后提出意见和建议；在协商过程中充分发扬民主，广泛听取意见，求同存异，求得共识；对民主党派和无党派人士提出的意见和建议要认真研究，并及时反馈情况。

11. 要完善人民政协的政治协商。中国共产党在人民政协同各民主党派和各界代表人士的协商，主要采取政协全体会议、常务委员会会议、主席会议、常务委员专题座谈会、各专门委员会会议等形式。要按照《中国人民政治协商会议章程》的要求，推进人民政协政治协商的制度化、规范化和程序化。

三、充分发挥民主党派和无党派人士的参政议政作用

12. 民主党派参政的基本点是：参加国家政权，参与国家大政方针和国家领导人选的协商，参与国家事务的管理，参与国家方针政策、法律法规的制定和执行。

13. 充分发挥民主党派成员和无党派人士在国家政权中的参政作用。人民代表大会是我国人民行使国家权力的机关，也是民主党派成员和无党派人士参政议政和发挥监督作用的重要机构。要保证民主党派成员和无党派人士在各级人大代表、人大常委会委员和人大专门委员会委员中占有适当比例，在各级人大领导班子成员中有适当数量。在全国和省级人大常委会中应有民主党派成员或无党派人士担任副秘书长。

民主党派成员和无党派人士担任国家和政府领导职务，是实现中国共产党领导的多党合作的一项重要内容。县级以上地方政府要选配民主党派成员或无党派人士担任领导职务。重点在涉及行政执法监督、与群众利益密切相关、紧密联系知识分子、专业技术性强的政府工作部门领导班子中选配民主党派成员、无党派人士担任领导职务。符合条件的可以担任正职。国务院有关部委领导班子中要注意选配民主党派成员和无党派人士。各省、自治区、直辖市可根据各级政府机构设置情况，明确需要选配的工作部门的适当比例。

各级法院、检察院要逐步选配符合任职条件的民主党派成员和无党派人士担任领导职务，重点做好省级法院、检察院领导职务的选配工作，带动市、县两级法院、检察院的选配工作。

14. 充分发挥民主党派和无党派人士在人民政协中的作用。要保证民主党派可以以本党派的名义在政协大会上发表意见和主张，可以提出代表本党派组织的提案，可以自主开展调查研究等活动。要保证民主党派成员和无党派人士等在各级政协中占有较大比例。其中，在换届时，政协委员不少于60%，政协常委不少于65%，政协副主席不少于50%（此项要求不包括民族自治地方）。民主党派成员和无党派人士在政协各专门委员会负责人中应有适当数量，在委员中应占有适当比例。政协机关中要有一定数量的民主党派成员和无党派人士担任专职领导职务。其中在全国政协至少有1位专职副秘书长。

15. 加强政府同民主党派的联系。国务院和地方各级政府根据需要召开有民主党派负责人和无党派人士参加的座谈会，就拟提交人民代表大会审议的政府工作报告、有关重大政策措施和关系国计民生的重大建设项目征求意见，通报国民经济和社会发展的有关情况。政府召开全体会议和有关会议，可视情邀请民主党派负责人和无党派人士列席；政府组织的有关廉政建设、社会治安综合治理和规范市场经济秩序等检查工作，可根据需要邀请民主党派成员和无党派人士参加。政府有关部门根据工作业务范围同相关民主党派建立和加强联系，重要专业性会议和重要政策、规划的制定，根据需要邀请相关的民主党派负责人参加。政府参事的聘任，以民主党派成员和无党派人士为主体，发挥他们参政议政、建言献策、咨询国是、统战联谊的作用。

16. 健全民主党派负责人参加重要外事、内事活动制度。中共中央和国家领导人会见、宴请外宾可视情邀请民主党派负责人参加；出席重要庆典、慰问、纪念活动，可视情邀请有关民主党派负责人和无党派人士参加。

17. 健全民主党派考察调研制度。民主党派和无党派人士通过考察调研建言献策，是发挥参政议政作用的重要形式。中共党委（以下简称党委）和政府要积极支持民主党派和无党派人士就全局性和战略性问题进行有组织的考察调研，也可委托民主党派就有关问题进行考察调研。对民主党派和无党派人士的调研成果，要认真研究并反馈情况。

18. 拓宽民主党派和无党派人士发挥作用的渠道。党委和政府及有关部门要积极创造条件，支持民主党派和无党派人士紧密围绕全面建设小康社会开展各种形式的社会服务活动；充分发挥民主党派和无党派人士在反映社情民意、协调社会关系、维护社会稳定方面的作用；支持民主党派成员和无党派人士积极开展对香港特别行政区同胞、澳门特别行政区同胞、台湾同胞和海外侨胞的联谊工作，推进经贸、科技、文化等领域的交流交往，为维护香港、澳门的繁荣稳定、促进祖国完全统一作出贡献。

四、充分发挥民主党派的民主监督作用

19. 中国共产党与民主党派实行互相监督。这种监督是在坚持四项基本原则的基础上通过提出意见、批评、建议的方式进行的政治监督，是我国社会主义监督体系的重要组成部分。由于中国共产党处于领导和执政地位，更加需要自觉接受民主党派的监督。

20. 民主党派民主监督的内容主要是：国家宪法和法律法规的实施情况；中国共产党和政府重要方针政策的制定和贯彻执行情况；党委依法执政及党员领导干部履行职责、为政清廉等方面的情况。

21. 民主党派民主监督的形式主要是：在政治协商中提出

意见；在深入调查研究的基础上，向党委及其职能部门提出书面意见；人大及其常委会和各专门委员会在组织有关问题的调查研究时，可邀请民主党派成员和无党派人士参加；通过在政协大会发言和提出提案、在视察调研中提出意见或其他形式提出批评和建议；参加有关方面组织的重大问题调查和专项考察等活动；应邀担任司法机关和政府部门的特约人员等。

进一步拓宽民主监督的渠道。党委主要负责人要定期召开会议，听取民主党派负责人和无党派人士对领导班子及其成员的意见；每年就党风廉政建设和反腐败工作向民主党派通报情况，听取意见；进一步完善特约人员工作制度，拓宽政府部门和司法机关聘任特约人员的领域，明确特约人员的职责和权利，切实发挥他们的作用；党委和政府开展的就贯彻执行中央重要方针政策情况和党风廉政建设情况的检查、其他专项检查和执法监督工作，可邀请民主党派负责人参加。

22. 党委要切实完善民主监督机制，自觉接受监督。要在知情环节、沟通环节、反馈环节上建立健全制度，及时通报重要情况和重大问题，畅通民主监督的渠道；对民主党派提出的批评意见要认真研究，及时反馈。党委及其领导干部要真诚接受民主党派的监督，鼓励和支持民主党派做到知无不言、言无不尽，并勇于坚持正确的意见，做中国共产党的诤友；要保护民主党派和无党派人士民主监督的正当权利。

五、加强中国共产党同党外人士的合作共事

23. 加强同党外人士的合作共事，是中国共产党坚定不移的方针。党外干部是国家干部队伍的重要组成部分。要坚持平等相待、民主协商、真诚合作，不断巩固中国共产党同党外人士的联盟。

24. 进一步加强培养选拔党外干部工作。要坚持干部队伍“四化”方针和德才兼备原则，充分发扬民主，注重实绩和群众公认，努力建设一支政治坚定、素质优良、结构合理、代表性强、同中国共产党亲密合作的党外干部队伍。要把培养选拔党外干部纳入干部队伍建设和人才工作的总体规划，统筹考虑。拓宽选拔渠道，优化党外干部队伍结构，通过学习培训和实践锻炼，不断提高党外干部的整体素质。根据工作需要，各级后备干部队伍中应有适当数量的党外干部。要改进和完善选拔任用方式，逐步形成有利于优秀党外干部脱颖而出的机制。

25. 拓宽党外干部的选配领域。除做好人大、政府、政协及司法机关党外干部的选配工作外，高等院校领导班子中一般应有民主党派成员和无党派人士担任领导职务；注意在人民团体、科研院所和国有企业领导班子中配备民主党派成员和无党派人士担任领导职务。

26. 充分发挥党外领导干部的作用。要坚持民主集中制原则，健全集体领导和个人分工负责相结合的制度，保证党外领导干部对其分管的工作享有行政管理的指挥权、处理问题的决定权和人事任免的建议权；根据工作需要，可邀请他们列席党组会议，有关文件要送他们阅知，重大问题要向他们通报。中共党员领导干部要同领导班子中的党外领导干部建立良好的合作共事关系，互相学习，共同提高。党外领导干部要自觉服从党组（党委）的领导，切实履行岗位职责。

六、支持民主党派加强自身建设

27. 党委要把支持民主党派加强自身建设作为一项重要政

治责任。支持民主党派根据各自章程规定的参政党建设目标，按照坚持中国共产党的领导、发扬社会主义民主、体现政治联盟特点、体现进步性和广泛性相统一的原则，以思想建设为核心，以组织建设为基础，以制度建设为保障，把自身建设提高到新的水平。

28. 支持民主党派加强思想建设。学习邓小平理论和“三个代表”重要思想，提高成员的政治素质和思想道德水平，增强对建设中国特色社会主义的共识，提高贯彻基本路线和基本纲领的自觉性，深化对参政党地位、性质和历史使命的认识，为巩固和发展同中国共产党的团结合作奠定坚实的思想基础。

29. 支持民主党派加强组织建设。贯彻民主集中制原则，提高领导班子成员的政治把握能力、参政议政能力、组织领导能力和合作共事能力。要着眼于多党合作事业的长远发展，支持民主党派加强后备干部队伍建设。按照“三个为主”（以协商确定的范围和对象为主，以大中城市为主，以有代表性的人士为主)、注重质量、保持特色、组织发展与后备干部队伍建设相结合的原则，协助民主党派做好组织发展和成员的教育管理工作。支持民主党派加强机关建设，配备好机关工作班子；通过教育培训、轮岗交流、挂职锻炼等途径，加强对机关干部的培养；健全以岗位责任制为核心的管理机制，提高工作质量和工作效率。

30. 支持民主党派加强制度建设。逐步建立一套适合民主党派自身特点、有利于促进民主党派工作规范化和科学化运行的制度，健全参政党的工作机制。

31. 办好社会主义学院。社会主义学院是中国共产党领导的统一战线性质的政治学院，是民主党派和无党派人士的联合党校。党委要关心和支持社会主义学院的建设。

七、加强和改善中国共产党对多党合作和政治协商的领导

32. 坚持中国共产党的领导是多党合作的首要前提和根本保证。各级党委要从提高党的执政能力、发展社会主义民主、构建社会主义和谐社会、推进改革开放和现代化建设胜利发展的战略高度，进一步提高认识，加强和改善对多党合作和政治协商的领导，充分发挥民主党派在国家政治生活中的作用。要加强对同级政协的领导，及时研究并统筹解决人民政协工作中的重大问题，支持人民政协依照章程开展工作。充分发挥政协党组的领导核心作用和党员干部的先锋模范作用，贯彻党的理论和路线方针政策，贯彻党委的重大决策和工作部署。

33. 中国共产党对民主党派的领导是政治领导，即政治原则、政治方向和重大方针政策的领导。要依靠中国共产党正确的路线方针政策和思想政治工作、共产党员的先锋模范作用，团结民主党派为实现全面建设小康社会的宏伟目标而共同奋斗；要坚持团结——批评——团结的公式，在重大是非、重大原则问题上，做好政治引导工作，坚持正确的政治方向。

34. 在多党合作和政治协商中进一步改善中国共产党的领导。要善于通过广泛深入的协商和讨论，使中国共产党的主张成为各民主党派的共识。要充分发扬社会主义民主，支持民主党派独立自主地处理内部事务，维护本党派成员及其所联系群众的合法利益，照顾民主党派和无党派人士的政治利益和物质利益，做到政治上充分信任、工作上大力支持、生活上关心照顾。党委负责人要同民主党派负责人和无党派人士交知心朋友。

35. 党委要把多党合作和民主党派工作纳入重要议事日程，定期研究多党合作方针政策贯彻落实情况和民主党派工作中的重要问题；要把统一战线和多党合作理论政策教育作为党委理论学习中心组的重要学习内容，并纳入各级党校、行政学院的教学计划。党委主要领导和分管领导同志要带头做民主党派工作，模范贯彻执行民主党派工作的方针政策。党委宣传部门和主要新闻媒体，要把宣传我国政党制度列入年度计划，加大宣传的力度。有民主党派基层组织的单位，要明确中共基层党组织在加强民主党派工作方面的任务，经常召开座谈会，认真听取民主党派的意见，发挥他们的作用。

36. 切实为民主党派和无党派人士履行职能、发挥作用创造条件。要把民主党派的办公经费和考察调研、教育培训等专项经费列入同级财政预算。根据民主党派组织发展和开展工作的需要，研究解决民主党派地方机关在人员编制方面存在的问题，不断改善民主党派机关办公条件。建立健全无党派人士工作机制，为无党派人士开展工作创造条件。注意发挥党委统战部在无党派人士工作中的牵头协调作用。

各省、自治区、直辖市党委要根据以上精神，结合本地实际，制定措施，认真贯彻执行。

中共中央关于加强人民政协工作的意见

（2006 年 2 月 8 日）

中国人民政治协商会议是中国人民爱国统一战线的组织，是中国共产党领导的多党合作和政治协商的重要机构，是我国政治生活中发扬社会主义民主的重要形式。人民政协成立以来，为建立和巩固新生的人民政权、促进社会主义革命和建设、推动改革开放和社会主义现代化建设，作出了重大贡献。在全面建设小康社会、加快推进社会主义现代化的新的发展阶段，提高党的执政能力、发展社会主义民主政治、构建社会主义和谐社会、推进中国特色社会主义伟大事业，必须大力加强人民政协工作，充分发挥人民政协的作用。

一、人民政协事业是中国特色社会主义事业的重要组成部分

1. 人民政协是中国共产党把马克思列宁主义统一战线理论、政党理论和民主政治理论同中国具体实践相结合的伟大创造，是中国共产党同各民主党派、人民团体和各族各界人士风雨同舟、团结奋斗的伟大成果。中国共产党历来高度重视和关心人民政协事业的发展。以毛泽东同志为核心的党的第一代中央领导集体，提出了一系列具有独创性的重要思想，有力地指导了人民政协事业的创立和发展；以邓小平同志为核心的党的第二代中央领导集体，提出了新时期人民政协的性质和任务，全面开创了新时期人民政协事业的新局面；以江泽民同志为核心的党的第三代中央领导集体，对人民政协事业提出了许多重要的新思想、新观点、新论断，推动了人民政协事业的发展。党的十六大以来，以胡锦涛同志为总书记的党中央，对新世纪新阶段人民政协事业的发展提出了明确要求，作出了新的重要部署，把人民政协事业继续推向前进。

2. 中国共产党领导的多党合作和政治协商制度是我国的一项基本政治制度。要坚持走中国特色社会主义政治发展道路，立足我国国情，总结实践经验，借鉴人类政治文明的有益成果，绝不照搬西方政治制度的模式。人民政协是实行中国共产党领导的多党合作和政治协商制度的重要政治形式和组织形式。要认真贯彻中国共产党同各民主党派和无党派人士长期共存、互相监督、肝胆相照、荣辱与共的方针，促进参加人民政协的各党派和无党派人士的团结合作，充分体现和发挥我国社会主义政党制度的特点和优势。

3. 人民政协是我国政治体制的重要组成部分，在我国政治生活中具有不可替代的作用。在我们这个幅员辽阔、人口众多的社会主义国家里，关系国计民生的重大问题，在中国共产党领导下进行广泛协商，体现了民主与集中的统一。人民通过选举、投票行使权利和人民内部各方面在重大决策之前进行充分协商，尽可能就共同性问题取得一致意见，是我国社会主义民主的两种重要形式。坚持和完善人民政协这种民主形式，既符合社会主义民主政治的本质要求，又体现了中华民族兼容并蓄的优秀文化传统，具有鲜明的中国特色。发展社会主义民主政治，建设社会主义政治文明，要善于运用人民政协这一政治组织和民主形式。

4. 人民政协是中国共产党领导的各党派、各团体、各民族、各阶层大团结大联合的组织。人民政协的基本属性、主要职能、组织构成、工作原则和活动方式，与构建社会主义和谐社会的要求是完全一致的，同构建社会主义和谐社会的各项工作是紧密相连的。构建社会主义和谐社会，必须充分发挥人民政协的作用。

5. 人民政协在新世纪新阶段的任务是：高举爱国主义、社会主义旗帜，在热爱中华人民共和国、拥护中国共产党的领导、拥护社会主义事业、共同致力于中华民族伟大复兴的政治基础上，进一步巩固和发展爱国统一战线，把全体社会主义劳动者、社会主义事业的建设者、拥护社会主义的爱国者和拥护祖国统一的爱国者都团结起来，同心同德，群策群力，为推进社会主义经济建设、政治建设、文化建设、社会建设，为实现祖国完全统一，为维护世界和平、促进共同发展而奋斗。

6. 人民政协工作必须坚持的原则是：坚持以马克思列宁主义、毛泽东思想、邓小平理论和“三个代表”重要思想为指导，坚持中国共产党的领导，坚持在宪法和法律范围内开展工作，坚持社会主义初级阶段的基本路线、基本纲领、基本经验，坚持团结和民主两大主题，坚持科学发展观、把促进发展作为人民政协履行职能的第一要务，坚持把实现和维护最广大人民的根本利益作为人民政协工作的出发点和落脚点。

7. 人民政协的主要职能是政治协商、民主监督、参政议政。要支持政协围绕团结和民主两大主题履行职能，把加强团结和发扬民主贯穿于政协工作的各个方面，推进政治协商、民主监督、参政议政的制度化、规范化和程序化。

二、认真搞好人民政协的政治协商

8. 人民政协的政治协商是中国共产党领导的多党合作的重要体现，是党和国家实行科学民主决策的重要环节，是党提高执政能力的重要途径。把政治协商纳入决策程序，就国家和地方的重要问题在决策之前和决策执行过程中进行协商，是政治协商的重要原则。各级党委要高度重视人民政协的政治协商，统一部署和协调，并认真组织实施。

9. 人民政协政治协商的主要内容是：国家和地方的大政方针以及政治、经济、文化和社会生活中的重要问题；各党派参加人民政协工作的共同性事务，政协内部的重要事务以及有关爱国统一战线的其他重要问题。

10. 人民政协政治协商的主要形式有：政协全体会议，常务委员会会议，主席会议，常务委员专题协商会，政协党组受党委委托召开的座谈会，秘书长会议，各专门委员会会议，根据需要召开由政协各组成单位和各界代表人士参加的内部协商会议。

11. 人民政协政治协商的主要程序是：党委根据年度工作重点或政协党组提出的建议，研究并确定在政协协商的议题；政协党组织根据党委的统一部署，按照政协章程和有关规定安排协商活动；党委和政府有关部门负责人就相关问题通报情况、听取意见；政协要及时整理并报送参加会议的各党派团体和各族各界人士提出的意见和建议；党委和政府及有关部门对政协报送的意见和建议要认真研究处理，并及时反馈处理情况。

三、积极推进人民政协的民主监督

12. 人民政协的民主监督是我国社会主义监督体系的重要组成部分，是在坚持四项基本原则的基础上通过提出意见、批评、建议的方式进行的政治监督。它是参加人民政协的各党派团体和各族各界人士通过政协组织对国家机关及其工作人员的工作进行的监督，也是中国共产党在政协中与各民主党派和无党派人士之间进行的互相监督。对于我们党来说，更加需要接受来自各个方面的监督。

13. 人民政协民主监督的主要内容是：国家宪法、法律和法规的实施，重大方针政策的贯彻执行，国家机关及其工作人员的工作，参加政协的单位和个人遵守政协章程和执行政协决议的情况。

14. 人民政协民主监督的主要形式有：政协全体会议、常委会议、主席会议向党委和政府提出建议案；各专门委员会提出建议或有关报告；委员视察、委员提案、委员举报、大会发言、反映社情民意或以其他形式提出批评和建议；参加党委和政府有关部门组织的调查和检查活动；政协委员应邀担任司法机关和政府部门特约监督人员等。

15. 各级党委和政府要认真倾听来自人民政协的批评和建议，自觉接受民主监督。要完善民主监督机制，在知情环节、沟通环节、反馈环节上建立健全制度，畅通民主监督的渠道。党委和政府的监督机构以及新闻媒体要密切与人民政协的联系，加强工作协调和配合，提高民主监督的质量和成效。要切实发挥政协提案、建议案在民主监督方面的作用，对政协的提案和建议案要认真办理，及时给予正式答复。

四、深入开展人民政协的参政议政

16. 人民政协的参政议政是人民政协履行职能的重要形式，也是党政领导机关经常听取参加人民政协的各民主党派、人民团体和各族各界人士的意见和建议、切实做好工作的有效方式。人民政协的参政议政是对政治、经济、文化和社会生活中的重要问题以及人民群众普遍关心的问题，开展调查研究，反映社情民意，进行协商讨论，通过调研报告、提案、建议案或其他形式，向党和国家机关提出意见和建议。

17. 人民政协要选择经济社会发展中具有综合性、全局性、前瞻性的课题，深入调查研究，开展咨询论证，提出意见和建议。要运用包容各界、联系广泛、人才聚集的有利条件，了解和反映社会不同阶层、不同群体的愿望和要求。人民政协的重要考察活动及重大外事活动要请参加政协的民主党派有关负责人参加，政协专门委员会要积极开展与参加政协的各党派团体的联合调研。要建立健全人民政协参政议政的各项工作制度，形成合理有效的工作机制。

18. 各级党委和政府要加强与人民政协的联系和沟通，为人民政协参政议政创造良好条件。对政协提出的重要意见和建议，要认真研究、积极采纳。党委和政府有关部门要密切同政协专门委员会的协作和配合，对他们的工作提供必要的支持和帮助。

五、切实抓好人民政协的自身建设

19. 各民主党派和无党派人士是人民政协的重要组成部分。要充分发挥人民政协作为中国共产党领导的多党合作和政治协商的重要机构的作用，支持各民主党派和无党派人士参与国家重大方针政策的讨论协商及其履行职责的各种活动。尊重和保障各民主党派在政协的各种会议上以本党派名义发表意见的权利；尊重和保障各民主党派和无党派人士开展视察、提出提案、举报、反映社情民意以及参与调查和检查活动的权利；保证民主党派成员和无党派人士在政协委员、常务委员和政协领导成员中占有较大比例；政协各专门委员会要有民主党派和无党派人士参加；政协机关中应有一定数量的民主党派和无党派人士担任专职领导职务，并做到有职、有权、有责。

20. 由界别组成是人民政协组织的显著特色。要根据界别的特点和要求开展活动，充分调动各界别参政议政的积极性，认真探索发挥界别作用的方法和途径。要适应改革开放和经济社会发展的实际情况，研究并合理设置界别，扩大团结面，增强包容性。要通过界别渠道密切联系群众，努力协调关系、化解矛盾、理顺情绪，增进社会各阶层和不同利益群体的和谐。

21. 政协委员是人民政协履行职能的主体。要认真组织政协委员的学习和培训，促进政协委员提高自身素质，遵守政协章程，履行委员职责，密切联系群众，积极参加政协组织的会议和活动。要尊重和依法保护政协委员的各项民主权利，为他们发挥作用提供方便。政协委员所在单位要支持其参加政协活动，保障其各项待遇不因参加政协活动而受到影响。

22. 大力加强人民政协的机关建设。要重视政治理论学习，坚持以邓小平理论和“三个代表”重要思想为指导，牢固树立和全面落实科学发展观，弘扬与时俱进和改革创新精神，大兴求真务实之风，提高全局观念、服务意识和政策水平。要适应壮大爱国统一战线和发展社会主义民主政治的要求，完善为政协履行职能服务的各项工作制度，提高工作水平和效率。要着眼于统一战线和人民政协事业的长远发展，高度重视并切实加强人民政协组织的干部队伍建设，配备好工作班子，加强干部选拔、交流和任用，加大干部培训工作、挂职锻炼的力度，努力造就一支政治坚定、作风优良、学识丰富、业务熟练的高素质政协工作干部队伍。

六、加强和改善党对人民政协的领导

23. 按照党总揽全局、协调各方的原则，进一步加强和改善党对人民政协的领导，支持人民政协依照章程独立负责、协调一致地开展工作。各级党委要深刻认识人民政协工作的重要性，认真贯彻《中共中央关于进一步加强中国共产党领导的多党合作和政治协商制度建设的意见》，善于运用人民政协这一政治组织和民主形式为实现党的总任务、总目标服务。要把政协工作纳入重要议事日程，听取政协党组的工作汇报，及时研究并统筹解决人民政协工作中的重大问题。党委和政府负责同志在政协全体会议期间参加讨论、共商国是和在政协常委会议期间通报情况、听取意见，应形成制度。不是同级党委常委的地方政协党员主席或党组书记，可请他们列席党委常委会议和其他有关重要会议。国务院和各级地方政府召开全体会议和有关会议时，可视需要邀请政协有关领导同志列席。各级党委和政府对政协干部交流、活动经费等方面存在的问题，要切实帮助解决。各级党委要把是否重视人民政协工作、能否发挥好人民政协的作用作为检验领导水平和执政能力的一项重要内容。

24. 发挥政协党组在政协组织中的领导核心作用。政协党组是党在人民政协中的派出机构，肩负着实现党对人民政协领导的重大责任，必须坚定不移地贯彻党的基本理论、基本路线、基本纲领、基本经验，坚定不移地贯彻执行党关于人民政协的方针政策，把党的有关重大决策和工作部署贯彻到人民政协的全部工作中去。要推动参加人民政协的各民主党派、人民团体和各族各界人士自觉接受中国共产党的领导，使党的主张成为各民主党派、人民团体和各族各界人士的广泛共识。政协党组要按照党委统一部署和政协章程的规定，配合党委有关部门研究换届时有关界别设置、政协委员名额、人选和常务委员人选以及届中委员调整的有关问题，并提出建议。

25. 发挥政协组织中共产党员的先锋模范作用。政协委员中的共产党员和政协机关中的共产党员，是受党组织委派从事人民政协工作的，要增强政治责任感，努力提高自身修养和能力，积极贯彻党的方针政策，带头遵守政协章程，继承和发扬党的统一战线和人民政协的优良传统，广交、深交党外朋友，努力成为合作共事的模范、发扬民主的模范、廉洁奉公的模范。

26. 努力创造全党全社会重视和支持人民政协工作的新局面。各级党委要积极组织并大力推动关于人民政协的理论研究、宣传和教育工作，把人民政协理论列入各级党校、行政学院、干部学院、社会主义学院的教学计划。要有计划、有重点地组织新闻媒体宣传中国共产党领导的多党合作和政治协商制度，宣传人民政协的性质、地位和作用，以及各级政协组织履行职能的情况，形成有利于人民政协事业发展的良好氛围。

中共中央关于加强社会主义协商民主建设的意见

（2015年1月5日）

社会主义协商民主是中国社会主义民主政治的特有形式和独特优势，是党的群众路线在政治领域的重要体现，是深化政治体制改革的重要内容。为深入贯彻落实党的十八大和十八届三中、四中全会精神，推进协商民主广泛多层制度化发展，建设社会主义政治文明，推进国家治理体系和治理能力现代化，现就加强社会主义协商民主建设提出如下意见。

一、加强协商民主建设的重要意义

协商民主是在中国共产党领导下，人民内部各方面围绕改革发展稳定重大问题和涉及群众切身利益的实际问题，在决策之前和决策实施之中开展广泛协商，努力形成共识的重要民主形式。

（1）发展历程。社会主义协商民主是中国共产党和中国人民的伟大创造，源自中国共产党领导人民进行革命、建设、改革的长期实践。党的十八大和十八届三中全会深刻总结我国社会主义民主政治建设的经验和规律，作出健全社会主义协商民主制度、推进协商民主广泛多层制度化发展的重大战略部署。协商民主在我国具有深厚的文化基础、理论基础、实践基础、制度基础，为发展中国社会主义民主政治丰富了形式，拓展了渠道，增加了内涵。

（2）重要意义。当前，我国正处在全面建成小康社会的决定性阶段。面对改革开放进程中利益格局深刻调整的新形势，面对社会新旧矛盾相互交织的新变化，面对市场经济条件下思想观念多元多样的新情况，面对世界范围内不同政治发展道路竞争博弈的新挑战，加强协商民主建设，有利于扩大公民有序政治参与、更好实现人民当家作主的权利，有利于促进科学民主决策、推进国家治理体系和治理能力现代化，有利于化解矛盾冲突、促进社会和谐稳定，有利于保持党同人民群众的血肉联系、巩固和扩大党的执政基础，有利于发挥我国政治制度优越性，增强中国特色社会主义道路自信、理论自信、制度自信。

二、加强协商民主建设的指导思想、基本原则和渠道程序

（3）指导思想。加强协商民主建设，必须贯彻落实党的十八大和十八届三中、四中全会精神，高举中国特色社会主义伟大旗帜，以马克思列宁主义、毛泽东思想、邓小平理论、“三个代表”重要思想、科学发展观为指导，深入贯彻落实习近平总书记系列重要讲话精神，坚持和完善我国根本政治制度和基本政治制度，以保证人民当家作主为根本，构建程序合理、环节完整的协商民主体系，推进协商民主广泛多层制度化发展，为发展中国社会主义民主政治注入新的活力，为实现“两个一百年”奋斗目标、实现中华民族伟大复兴的中国梦凝聚智慧和力量。

（4）基本原则。加强协商民主建设，必须坚持党的领导、人民当家作主、依法治国有机统一，贯彻民主集中制，坚定不移走中国特色社会主义政治发展道路。坚持围绕中心、服务大局，促进经济持续健康发展，维护社会和谐稳定。坚持依法有序、积极稳妥，确保协商民主有制可依、有规可守、有章可循、有序可遵。坚持协商于决策之前和决策实施之中，增强决策的科学性和实效性。坚持广泛参与、多元多层，更好保障人民群众的知情权、参与权、表达权、监督权。坚持求同存异、理性包容，切实提高协商质量和效率。

（5）协商渠道。继续重点加强政党协商、政府协商、政协协商，积极开展人大协商、人民团体协商、基层协商，逐步探索社会组织协商。发挥各协商渠道自身优势，做好衔接配合，不断健全和完善社会主义协商民主制度。各类协商要根据自身特点和实际需要，合理确定协商内容和方式。

（6）协商程序。从实际出发，按照科学合理、规范有序、简便易行、民主集中的要求，制定协商计划、明确协商议题和内容、确定协商人员、开展协商活动、注重协商成果运用反馈，确保协商活动有序务实高效。

三、继续加强政党协商

发挥中国特色社会主义政党制度优势，坚持长期共存、互相监督、肝胆相照、荣辱与共，加强中国共产党同民主党派的政治协商，搞好合作共事，巩固和发展和谐政党关系。

（7）继续探索规范政党协商形式。完善协商的会议形式，就党和国家重要方针政策、重大问题召开专题协商座谈会，由中共中央主要负责同志主持；就重要人事安排在酝酿阶段召开人事协商座谈会，由中共中央负责同志主持；就民主党派的重要调研课题召开调研协商座谈会，由中共中央负责同志主持，邀请相关部门参加；根据工作需要，召开协商座谈会，沟通思想、交换意见、通报重要情况，由中共中央负责同志或委托有关部门主持。完善中共中央负责同志与民主党派中央负责同志约谈形式。完善中共中央与民主党派中央书面沟通协商形式。

（8）完善民主党派中央直接向中共中央提出建议制度。民主党派中央每年以调研报告、建议等形式直接向中共中央提出意见和建议。民主党派中央负责同志可以个人名义向中共中央和国务院直接反映情况、提出建议。中共中央政治局常委、委员开展的国内考察调研以及重要外事活动，可根据需要、经统一安排邀请民主党派中央负责同志参加。

（9）加强政党协商保障机制建设。健全知情明政机制，有关部门定期提供相关材料，组织专题报告会，协助民主党派优化考察调研选题。加强政府有关部门、司法机关与民主党派的联系，视情邀请民主党派列席有关会议、参加专项调研和检查督导工作。完善协商反馈机制，中共中央将协商意见交付有关部门办理，有关部门及时反馈落实情况。支持民主党派加强协商能力建设。

无党派人士是政治协商的重要组成部分，工商联是具有统战性的人民团体和民间商会，有关部门要为无党派人士和工商联参加协商做好联络服务。

各省（自治区、直辖市）、市（地、州、盟）党委要结合实际，对开展政党协商作出具体安排。

四、积极开展人大协商

人民代表大会制度是保证人民当家作主的根本政治制度。各级人大要依法行使职权，同时在重大决策之前根据需要进行充分协商，更好汇聚民智、听取民意，支持和保证人民通过人民代表大会行使国家权力。

（10）深入开展立法工作中的协商。制定立法规划、立法工作计划，要广泛听取各方面的意见和建议。健全法律法规起草协调机制，加强人大专门委员会、工作委员会与相关方面的沟通协商。健全立法论证、听证、评估机制，探索建立有关国家机关、社会团体、专家学者等对立法中涉及的重大利益调整论证咨询机制。拓宽公民有序参与立法途径，健全法律法规草案公开征求意见和公众意见采纳情况反馈机制。对于法律关系复杂、意见分歧较大的法律法规草案，要进行广泛深入的调研、论证、协商，在各方面基本取得共识基础上再依法提请表决。

（11）发挥好人大代表在协商民主中的作用。健全法律法规规章起草征求人大代表意见制度，增加人大代表列席人大常委会会议人数，更好发挥人大代表在立法协商中的作用。提高代表议案建议质量，有关方面要加强与代表的沟通协商，增强议案建议办理实效。建立健全代表联络机构、网络平台等形式，密切代表同人民群众联系。

鼓励基层人大在履职过程中依法开展协商，探索协商形式，丰富协商内容。

五、扎实推进政府协商

围绕有效推进科学民主依法决策加强政府协商，增强决策透明度和公众参与度，解决好人民最关心最直接最现实的利益问题，推进政府职能转变，提高政府治理能力和水平。

（12）探索制定并公布协商事项目录。政府根据法律法规规定和工作实际，探索制定并公布协商事项目录。列入目录的事项，要进行沟通协商。未列入目录的事项，根据实际需要进行沟通协商。

（13）增强协商的广泛性针对性。坚持社会公众广泛参与，加强与人大代表、政协委员以及民主党派、无党派人士、工商联等的沟通协商。专业事项坚持专家咨询论证。涉及经济社会发展重大问题、重大公共利益或重大民生的，重视听取社会各方面的意见和建议，吸纳社会公众特别是利益相关方参与协商。涉及特定群体利益的，加强与相关人民团体、社会组织以及群众代表的沟通协商。

（14）完善政府协商机制。做好政府信息公开工作，为各方面参与政府协商创造条件。完善意见征集和反馈机制，在立法、设定决策议题、进行决策时广泛听取意见，及时反馈意见采纳情况。规范听证机制，听证会依法公开举行，及时公开相关信息。建立健全决策咨询机制，完善咨询程序，提高咨询质量和公信力。完善人大代表议案建议和政协提案办理联系机制，建立和完善台账制度，将建议和提案办理纳入政府年度督查工作计划，办理结果逐步向社会公开。

六、进一步完善政协协商

充分发挥人民政协作为协商民主重要渠道和专门协商机构的作用，坚持团结和民主两大主题，推进政治协商、民主监督、参政议政制度建设，不断提高人民政协协商民主制度化、规范化、程序化水平。

（15）明确政协协商的主要内容。主要包括国家和地方的大政方针以及政治、经济、文化和社会生活中的重要问题，各党派参加人民政协工作的共同性事务，政协内部的重要事务，以及有关爱国统一战线的其他重要问题等。

（16）完善政协会议及其他协商形式。改进政协通过会议进行协商的形式，适当增加专题议政性常委会议和专题协商会次数，完善协商座谈会制度。更加灵活、更为经常地开展专题协商、对口协商、界别协商、提案办理协商，探索网络议政、远程协商等新形式。增加集体提案比重，提高提案质量，建立交办、办理、督办提案协商机制。通过协商会议、建议案、视察、提案、反映社情民意信息等形式提出意见和建议，积极履行民主监督职能。

（17）加强政协协商与党委和政府工作的有效衔接。规范协商议题提出机制，认真落实由党委、人大、政府、民主党派、人民团体等提出议题的规定，探索由界别和委员联名提出议题。规范年度协商计划的制定，由党委常委会会议专题讨论并列入党委年度工作要点。健全知情明政制度，相关部门定期通报有关情况，为政协委员履职提供便利、创造条件。规范党委和政府领导及部门负责人参加政协协商活动。完善协商成果采纳、落实和反馈机制。

（18）加强人民政协制度建设。政协全国委员会研究制定规范政治协商、民主监督、参政议政的具体意见。深入开展调查研究，在条件成熟时对政协界别适当进行调整。完善委员推荐提名工作机制，优化委员构成。研究制定政协委员管理的指导性意见。在政协建立健全委员联络机构，完善委员联络制度。

七、认真做好人民团体协商

围绕做好新形势下党的群众工作开展协商，更好组织和代表所联系群众参与公共事务，有效反映群众意愿和利益诉求，发挥人民团体作为党和政府联系人民群众的桥梁和纽带作用。

（19）建立完善人民团体参与各渠道协商的工作机制。对涉及群众切身利益的实际问题，特别是事关特定群体权益保障的，有关部门要加强与相关人民团体协商。政协要充分发挥人民团体及其界别委员的作用，积极组织人民团体参与协商、视察、调研等活动，密切各专门委员会和人民团体的联系。

（20）组织引导群众开展协商。人民团体要健全直接联系群众工作机制，及时围绕涉及所联系群众切身利益的问题开展协商。拓展联系渠道和工作领域，把联系服务新兴社会群体纳入工作范围，增强协商的广泛性和代表性。积极发挥对相关领域社会组织的联系服务引领作用，搭建相关社会组织与党委和政府沟通交流的平台。

八、稳步推进基层协商

涉及人民群众利益的大量决策和工作，主要发生在基层。要按照协商于民、协商为民的要求，建立健全基层协商民主建设协调联动机制，稳步开展基层协商，更好解决人民群众的实际困难和问题，及时化解矛盾纠纷，促进社会和谐稳定。

（21）推进乡镇、街道的协商。围绕本地城乡规划、工程项目、征地拆迁以及群众反映强烈的民生问题等，组织有关方面开展协商。加强乡镇、街道对行政村、社区协商活动的指导。跨行政村或跨社区的重要决策事项，根据需要由乡镇、街道乃至县（市、区、旗）组织开展协商。

（22）推进行政村、社区的协商。坚持村（居）民会议、村（居）民代表会议制度，规范议事规程。积极探索村（居）民议事会、村（居）民理事会、恳谈会等协商形式。重视吸纳利益相关方、社会组织、外来务工人员、驻村（社区）单位参加协商。通过协商无法解决或存在较大争议的问题或事项，应提交村（居）民会议或村（居）民代表会议决定。

（23）推进企事业单位的协商。健全以职工代表大会为基本形式的企事业单位民主管理制度。畅通职工表达合理诉求渠道，健全各层级职工沟通协商机制。积极推动由工会代表职工与企业就调整和规范劳动关系等重要决策事项进行集体协商。逐步完善以劳动行政部门、工会组织、企业组织为代表的劳动关系三方协商机制。

探索开展社会组织协商。坚持党的领导和政府依法管理，健全与相关社会组织联系的工作机制和沟通渠道，引导社会组织有序开展协商，更好为社会服务。

九、加强和完善党对协商民主建设的领导

党的领导是中国特色社会主义最本质的特征。加强协商民主建设，必须坚持党的领导，充分发挥党总揽全局、协调各方的领导核心作用，把握正确方向，形成强大合力，确保有序高效开展。

（24）高度重视协商民主建设。各级党委要充分认识加强协商民主建设的重大意义，把协商民主建设纳入总体工作部署和重要议事日程，对职责范围内各类协商民主活动进行统一领导、统一规划、统一部署。要做到协商于决策之前和决策实施之中，根据各方面的意见和建议来决定和调整决策和工作，从制度上保障协商成果落地，使决策和工作更好顺乎民意、合乎实际。党委领导同志要以身作则，带头学习掌握协商民主理论，熟悉协商民主工作方法，把握协商民主工作规律，努力成为加强协商民主建设的积极组织者、有力促进者、自觉实践者，通过推进协商民主改善党的领导、加强党的领导、巩固党的执政地位。

（25）建立健全党领导协商民主建设的工作制度。建立党委统一领导、各方分工负责、公众积极参与的领导体制和工作机制。各级党委要按照民主集中制原则，坚持民主基础上的集中和集中指导下的民主相统一，确保协商依法开展、有序进行，防止议而不决、决而不行。加强统筹协调，认真研究制定协商计划，解决协商民主建设的重大问题，支持人大、政府、政协、党派团体、基层组织和社会组织依照法律法规和各自章程开展协商，有计划有步骤地推进协商活动。加强对协商民主建设落实情况的监督检查。

（26）支持鼓励协商民主建设探索创新。协商民主建设是一个不断发展的过程。各级党委要加强领导和组织协调，鼓励探索创新，通过各种途径、各种渠道、各种方式进行广泛协商，建立健全提案、会议、座谈、论证、听证、公示、评估、咨询、网络、民意调查等多种协商方式。尊重群众首创精神，注重实践经验提炼总结，并适时上升为制度规范。加强中国特色新型智库建设，建立健全决策咨询制度。加强协商民主理论研究，不断丰富和发展社会主义协商民主理论体系。研究制定协商民主建设党内法规。

（27）营造协商民主建设良好氛围。各级党委要自觉把协商民主建设贯穿于各领域，坚持有事多协商，遇事多协商，做事多协商。健全党内民主制度，以党内民主带动和促进协商民主发展。党委宣传部门和主要新闻媒体，要加强正确舆论引导，普及协商民主知识，宣传协商民主理论和实践，树立协商民主建设先进典型，发挥好示范引领作用。

各地区各相关部门要根据本意见，结合实际，制定具体实施办法。

中共中央办公厅关于加强人民政协协商民主建设的实施意见

（2015 年 6 月 15 日）

人民政协是社会主义协商民主的重要渠道和专门协商机构，是国家治理体系的重要组成部分。为深入贯彻落实党的十八大和十八届三中、四中全会精神，按照《中共中央关于加强社会主义协商民主建设的意见》，现就进一步加强人民政协协商民主建设提出如下实施意见。

一、加强人民政协协商民主建设的重要意义、指导思想和重要原则

1. 重要意义。人民政协协商民主是在中国共产党领导下，参加人民政协的各党派团体、各族各界人士履行政治协商、民主监督、参政议政职能，围绕改革发展稳定重大问题和涉及群众切身利益的实际问题，在决策之前和决策实施之中广泛协商、凝聚共识的重要民主形式。

社会主义协商民主是中国共产党和中国人民的伟大创造。人民政协协商民主是社会主义协商民主的重要组成部分。1949 年中国人民政治协商会议第一届全体会议的召开，标志着中国共产党领导的多党合作和政治协商制度正式确立。1954 年第一届全国人民代表大会召开后，人民政协作为中国共产党领导的多党合作和政治协商机构、作为统一战线组织继续发挥重要作用。改革开放以来，人民政协的性质、作用被庄严载入宪法，党中央对加强人民政协工作作出一系列重要部署。党的十八大和十八届三中、四中全会强调，健全社会主义协商民主制度，推进协商民主广泛多层制度化发展，为人民政协事业发展指明了方向。

人民政协以宪法、政协章程和相关政策为依据，以中国共产党领导的多党合作和政治协商制度为保障，集协商、监督、参与、合作于一体，是各党派团体和各族各界人士发扬民主、参与国是、团结合作的重要平台，是适合中国国情、具有鲜明中国特色的制度安排。充分发挥人民政协作为协商民主重要渠道和专门协商机构的作用，有利于广纳群言、广谋良策、广聚共识，有利于促进党和政府决策科学化、民主化，有利于更好实现人民当家作主，有利于化解矛盾、促进社会和谐稳定，有利于推进国家治理体系和治理能力现代化。

2. 指导思想。加强人民政协协商民主建设，必须贯彻落实党的十八大和十八届三中、四中全会精神，高举中国特色社会主义伟大旗帜，以马克思列宁主义、毛泽东思想、邓小平理论、“三个代表”重要思想、科学发展观为指导，深入贯彻落实习近平总书记系列重要讲话精神，坚持围绕协调推进“四个全面”战略布局，坚持和完善中国共产党领导的多党合作和政治协商制度，坚持团结和民主两大主题，把协商民主贯穿履行职能全过程，重点推进政治协商、民主监督、参政议政制度化、规范化、程序化，拓展协商内容、丰富协商形式、规范协商程序、增加协商密度、提高协商成效，广泛凝聚各党派团体、各族各界人士的智慧和力量，为实现“两个一百年”奋斗目标、实现中华民族伟大复兴的中国梦作出更大贡献。

3. 重要原则。加强人民政协协商民主建设，必须坚持党的领导，坚定不移走中国特色社会主义政治发展道路；坚持宪法和政协章程确定的人民政协性质定位，始终围绕中心、服务大局；坚持协商于决策之前和决策实施之中，切实提高协商实效；坚持民主协商、平等议事、求同存异、体谅包容，努力营造良好协商氛围。

二、明确政协协商的内容

4. 政协协商的主要内容。国家大政方针和地方的重要举措以及政治、经济、文化和社会生活中的重要问题，各党派参加人民政协工作的共同性事务，政协内部的重要事务，以及有关爱国统一战线的其他重要问题等。

5. 制定政协年度协商计划。党委会同政府、政协制定年度协商计划，对明确规定需要协商的事项必须经协商后提交决策实施。政协专题议政性常务委员会会议议题、专题协商会议题及其他协商形式的重要议题，应列入年度协商计划，做到协商议题和协商形式相匹配。

建立健全制定年度协商计划的工作机制。政协办公厅（室）在广泛征求政协参加单位、政协委员和有关部门意见的基础上，形成年度协商计划草案。党委办公厅（室）会同政府办公厅（室）、政协办公厅（室）修改完善年度协商计划草案。经政协主席会议审议后，报党委常委会会议确定。

6. 在实践中丰富协商内容。鼓励各级政协根据形势发展，围绕党和国家中心工作，结合实际丰富协商内容，拓宽协商范围。政府起草一些重要法律法规的过程中，视情可在政协听取意见。充分发挥政协委员、民主党派、工商联、无党派人士、人民团体等在立法协商中的作用。

三、规范政协协商的形式

7. 完善政协全体会议协商制度。政协全体会议期间，党委、人大常委会、政府和人民法院、人民检察院领导同志出席开幕会、闭幕会，参加界别联组和委员小组讨论；党委和政府有关领导同志听取大会发言；有关部门负责同志参加界别联组和委员小组讨论、听取意见。可安排跨界别联组讨论；界别联组和小组会议应安排时间讨论界别提案、推荐界别大会发言。规范会议活动程序和机制。完善大会发言遴选机制，提高发言质量。改进会议成果报送工作，如实反映委员意见建议。

8. 健全专题议政性常务委员会会议制度。全国政协一般每年召开 2 次专题议政性常务委员会会议，地方政协可视情安排。会议按专题分组讨论，进行大会发言。根据议题需要，政协邀请党政有关领导同志出席会议通报情况，听取意见，并可与委员互动交流；邀请有关部门负责同志到会听取意见，参加讨论。会议成果以政协党组报告、大会发言专报、政协信息等多种形式报送党委和政府及有关部门。

9. 规范专题协商会。全国政协一般每年召开 2 次专题协商会，地方政协可视情安排。根据议题需要，政协邀请党政分管相关工作的领导同志及有关部门负责同志，出席会议，听取意见，与委员互动交流。组织相关委员和专家学者参加。会议发言应充分反映政协专门委员会专题调研、委员视察、界别调研和民主党派调研等成果。会后，相关意见建议以政协党组报告、政协信息等形式报送党委和政府及有关部门。

10. 完善双周协商座谈会制度。全国政协应选择内容具体、针对性强的问题作为双周协商座谈会的议题，部分重要议题列入政协年度协商计划。视情每年召开若干次双周协商座谈会。根据议题需要，政协邀请有关部门负责同志参加并介绍情况。优化参会人员结构，以委员中的民主党派成员和无党派人士为主，视情邀请有关专家学者参加。会前，全国政协相关专门委员会和有关方面应深入开展调研。会后，及时将会议主要内容、形成的共识和重要意见建议，以信息专报等形式报送党委和政府及有关部门参阅。推动协商过程和协商成果公开，增加影响力和共识度。地方政协可结合实际，对协商座谈会等活动作出安排。

11. 开展对口协商和界别协商。政协各专门委员会与对口联系的有关部门以议题为纽带建立健全对口联系工作机制，开展对口协商。加强走访交流，建立信息共享机制，确定对口协商议题。对口部门根据情况邀请政协相关专门委员会参加重要工作会议或重要活动，政协组织的视察和调研活动可邀请对口部门参加。

充分发挥界别在视察、调研、提案、大会发言、反映社情民意信息等工作中的作用。完善政协领导同志和专门委员会联系界别的制度。专门委员会根据工作整体部署组织界别委员开展专题调研，举行界别协商会、座谈会等活动。政协主席会议成员根据工作需要参加界别协商活动。健全政协办公厅（室）和专门委员会服务界别协商的工作机制和保障机制。

12. 健全提案办理协商制度。修订提案审查工作细则，严格立案标准，提高提案质量。加大专门委员会和界别提交提案力度，增加集体提案比重。建立交办、办理、督办提案协商机制。在提案交办环节，建立共同交办机制，召开提案交办会，做好落实责任的协商。在提案办理环节，建立健全联系沟通、办理询问、研讨交流机制，把沟通协商作为提案办理的必经环节。在提案督办环节，建立健全跟踪督查和成果反馈机制，做好成果转化的协商。建立和完善台账制度，把提案办理纳入政府年度督查计划。完善提案办理考核评价机制，逐步将提案办理工作纳入绩效考核体系。落实提案及办理结果公开的有关规定。制定政协提案办理协商办法。落实政协办公厅（室）和专门委员会参与重点提案遴选与督办的工作制度。全国政协完善主席办公会议协商督办重点提案的做法。

13. 拓展协商形式。政协在党委和政府重大决策形成过程中及时召开专题座谈会，有关方面负责同志到会听取意见建议。在视察、考察、专题调研等活动中开展协商。通过视察报告、调研报告、提案、建议案等形式开展协商。整合现有网络资源，探索网络议政、远程协商等新形式。

四、加强政协协商与党委和政府工作的有效衔接

14. 规范协商议题提出机制。认真落实由党委、人大、政府、民主党派、人民团体等提出议题的规定。建立党委同政府、政协重点协商议题会商机制，议题可由党委和政府交办，可由党委召开的秘书长联席会议研究提出，可由政协与党委和政府及有关部门沟通协商提出。建立政协内部选题机制，通过常务委员会会议、专门委员会会议以及座谈会、发函等形式征集议题，积极探索由界别、委员联名、委员小组提出议题。

15. 健全知情明政制度。党委召开的有关重要工作会议可安排政协领导同志参加。国务院或地方政府召开全体会议和有关会议，可视情邀请政协有关领导同志列席。有关部门召开的重要会议可视情邀请政协有关方面负责同志参加。建立相关部门定期通报情况制度，为政协委员履行职责提供便利、创造条件。政协全体会议召开前，根据需要可组织情况通报会，请有关部门通报年度工作情况。协商活动举办前，有关部门应提供需要协商的相关材料。组织委员视察调研，可邀请有关部门同志介绍情况、交换意见。

16. 完善协商成果采纳、落实和反馈机制。党委会同政府、政协制定协商成果采纳、落实和反馈办法。协商后形成的视察报告、调研报告、政协信息、大会发言专报、重要提案摘报等成果，党政领导同志作出批示的，应及时告知政协办公厅（室）；对领导同志要求有关部门落实的，应将落实情况抄送政协办公厅（室）。

五、加强人民政协制度建设

17. 政协全国委员会研究制定规范政治协商、民主监督、参政议政的具体意见。认真贯彻《中共中央关于加强人民政协工作的意见》对政治协商、民主监督、参政议政的规定。加强政治协商的制度建设，把政治协商作为重要环节纳入决策程序，明确党委、政府和政协在协商活动中的职责。

适时制定民主监督的专项规定，完善民主监督的组织领导、权益保障、知情反馈、沟通协调机制。重视发挥协商会议、视察、提案、建议案、专题调研、大会发言、反映社情民意信息、委员举报等在民主监督中的作用。政协各种协商活动特别是专题议政性常务委员会会议、专题协商会、协商座谈会等，增加民主监督内容，加大民主监督力度。政协办公厅（室）和专门委员会应开展监督性的视察和专题调研。参加有关部门组织的调查和检查活动。政协可应有关行政执法部门邀请推荐特约监督员。密切与党委和政府监督机构以及新闻媒体的联系，加强工作协调和配合。总结推广专题民主监督、民主评议的做法。

建立健全参政议政的各项工作制度，加强和改进经常性工作。修订专门委员会通则，发挥专门委员会在政协工作中的基础作用。修订视察工作条例。做好党委和政府委托政协开展的重大课题调研和邀请委员参与的重大项目研究论证，集中优势资源，发挥委员主体作用，形成整体合力，提出高质量的意见建议。

18. 研究制定规范委员履职工作的指导性意见。进一步明确委员的权利和义务，规范委员履职服务管理，建立委员履职档案，实行委员履职情况统计，将委员履职情况作为换届时继续提名的重要参考；严格会议请假制度，委员出席会议和参加活动的情况书面通知本人并在一定范围通报；探索建立委员每届任期内就履职情况向本级政协报告的制度。强化廉洁自律，逐步建立委员履职的利益冲突回避机制，制定委员违反政协章程的处理办法。

19. 在政协建立健全委员联络机构，完善委员联络制度。建立覆盖全体委员的联系网络，充分发挥政协参加单位、专门委员会、界别、机关、所在地全国政协委员活动召集人等联络服务委员的作用。完善发挥全国政协委员作用的意见。各级政协领导考察调研，可视情与当地同级政协委员座谈。政协的视察考察和专题调研活动可安排当地相关同级政协委员参加。全国政协定期向京外委员和港澳地区委员通报工作情况。建立健全与委员联络的具体机构，明确职责，做好委员日常联络工作，为委员履行职责提供服务管理，依法维护委员依照政协章程履行职责的权利；配合专门委员会，联系政协参加单位和界别召集人，及时通报政协会议精神和工作情况；做好接待委员信访的工作。

六、提高政协协商能力

20. 提高政治把握能力。完善政协常务委员会会议和主席会议学习制度，组织委员专题学习研讨。加强委员对党的路线方针政策和宪法法律的学习，在履行职责的实践中，提高运用科学理论分析判断形势，运用法治思维和法治方式研究解决问题的能力和水平，坚定理想信念，增进政治认同。

21. 提高调查研究能力。坚持问题导向，重视调查研究，制定加强和改进调研工作实施办法。视察和专题调研课题应与政协年度协商计划和政协重点工作相衔接，由主席会议或主席办公会议统筹审定。优化调研队伍构成，采取集中调研、分散调研、蹲点调研等形式摸清真实情况。加强对调研成果的研究论证。加强人民政协智库建设，整合各级政协组织、政协委员等各方面智力资源，发挥中国经济社会理事会、中国宗教界和平委员会、中国人民政协理论研究会作用。

22. 提高联系群众能力。坚持党的群众路线，建立健全社情民意表达和汇集分析机制，畅通和拓宽各界群众的利益诉求表达渠道，积极反映社情民意。修订政协反映社情民意信息工作条例。密切政协各专门委员会与人民团体等界别的联系，积极组织委员参与协商、视察、调研等活动，及时向有关部门反映其提供的相关信息和意见建议。有条件的地方可推广委员联系点、委员网上信箱等联系群众的新形式。委员应主动向群众宣传党的路线方针政策，解疑释惑，引导群众理性有序合法表达诉求。

23. 提高合作共事能力。完善工作机制，搭建更多平台，加强政协组织与党委统战部门的沟通协调，为民主党派委员和无党派人士委员在政协履行职能、协商议政、发挥作用创造条件。建立政协主席、副主席联系各界别委员制度。强化政协开展统战工作的职责要求。政协委员中的共产党员和政协机关中的共产党员应广交、深交党外朋友。在工作中既增进对党的路线方针政策的共识，又包容不同意见的存在和表达，提高合作共事的质量和水平。

七、加强和完善党对人民政协协商民主建设的领导

24. 高度重视人民政协协商民主建设。中国共产党的领导是人民政协事业发展进步的根本保证。人民政协事业要沿着正确方向发展，就必须毫不动摇坚持中国共产党的领导。按照党总揽全局、协调各方的原则，支持人民政协依照宪法法律和政协章程独立负责、协调一致地开展工作。各级党委要充分认识加强人民政协协商民主建设的重大意义，认真贯彻落实《中共中央关于加强社会主义协商民主建设的意见》，善于运用人民政协这一政治组织和民主形式为实现党的总任务、总目标服务。

25. 建立健全党领导人民政协协商民主建设的工作制度。各级党委应把人民政协协商民主建设纳入总体工作部署和重要议事日程，及时研究并统筹解决工作中的重大问题。按照党委统一领导、各方分工负责的原则，统筹制定加强党委和政府工作与政协协商有效衔接的相关制度。支持政协制定并实施政治协商、民主监督、参政议政的专项制度。建立健全党委常委会会议听取政协党组工作汇报，讨论政协常务委员会工作报告和年度协商计划等的制度。深入研究发挥政协界别作用的思路和办法，拓展有序政治参与空间。深入开展调查研究，在条件成熟时对政协界别适当进行调整。完善委员推荐提名工作机制，优化委员构成。改进委员产生机制，严把委员素质关，真正把代表性强、议政水平高、群众认可、德才兼备的优秀人士吸收到委员队伍中来。加强政协机关领导班子和干部队伍建设，加强干部选拔、交流和任用，加大干部培训学习、挂职锻炼的力度。加强对人民政协协商民主建设落实情况的监督检查。

26. 发挥政协党组领导核心作用。政协党组肩负着实现党对人民政协领导的重大政治责任，要发挥领导核心作用，坚定不移贯彻执行党关于人民政协的方针政策，把党的有关重大决策和工作部署贯彻到政协全部工作中去。按照民主集中制原则，确保协商依法开展、有序进行。健全政协重大工作向党委报告制度。认真落实党风廉政建设主体责任，抓好委员队伍建设和政协机关干部队伍建设，强化正风肃纪、反腐倡廉。

27. 营造全党全社会重视和支持人民政协协商民主建设的良好氛围。坚持“不打棍子、不扣帽子、不抓辫子”的方针，营造畅所欲言、各抒己见、理性有度、合法依章的良好协商氛围。大力推动关于人民政协协商民主的理论研究，将其列入各级党校、行政学院、干部学院、社会主义学院的教学计划。把对人民政协协商民主的宣传列入各级党委宣传部门的工作计划，积极宣传各级政协和政协委员履职的生动实践，形成有利于推进人民政协协商民主建设的良好环境。

中共中央办公厅关于加强新时代人民政协党的建设工作的若干意见

（2018 年 10 月）

为全面贯彻习近平新时代中国特色社会主义思想和党的十九大精神，贯彻落实新时代党的建设总要求，切实加强人民政协党的建设，更好坚持党对人民政协工作的全面领导，团结带领参加人民政协的各党派团体和各族各界人士为实现新时代党的历史使命共同奋斗，现提出如下意见。

一、加强新时代人民政协党的建设的总体要求

人民政协作为统一战线的组织、多党合作和政治协商的机构、人民民主的重要实现形式，是国家治理体系的重要组成部分，是具有中国特色的制度安排。在中国共产党领导下，人民政协在建立新中国、建设新中国、探索改革路、实现中国梦的伟大实践中发挥了重要作用。中国共产党领导是中国特色社会主义最本质的特征，也是人民政协这一制度安排和政治组织最本质的特征。在政协各级组织和各项活动中，党是居于领导地位的，坚持中国共产党领导是人民政协必须恪守的根本政治原则。

党的十八大以来，以习近平同志为核心的党中央切实加强党对人民政协工作的全面领导，完善政协党的领导体制，推动全面从严治党不断深入，开创了政协工作新局面。当前，中国特色社会主义进入了新时代，我们党必须统揽伟大斗争、伟大工程、伟大事业、伟大梦想，其中起决定性作用的是党的建设新的伟大工程。将新时代坚持和发展中国特色社会主义这场伟大社会革命进行到底，把我们党通过自我革命建设得更加坚强有力，这对人民政协坚持党的领导，强化政协党组织在政协工作中的政治领导力、思想引领力、群众组织力、社会号召力，提出了新的更高要求。同时要清醒认识到，人民政协党的建设同新时代新使命新要求还不完全适应，特别是存在思想认识不到位、组织设置不健全、政协特点不突出、党员委员作用发挥不充分等问题，需要从实际出发切实加以解决。加强新时代人民政协党的建设，对于更好坚持人民政协这一制度安排，坚持和完善中国共产党领导的多党合作和政治协商制度这一新型政党制度，巩固和发展最广泛的爱国统一战线，坚持和巩固中国共产党的领导地位和长期执政地位，不断推进国家治理体系和治理能力现代化，坚持和发展中国特色社会主义，具有重大而深远的意义。

加强新时代人民政协党的建设，必须全面贯彻习近平新时代中国特色社会主义思想和党的十九大精神，以党章为根本遵循，按照新时代党的建设总要求，坚持和加强党的全面领导，坚持党要管党、全面从严治党，以党的政治建设为统领，全面推进人民政协党的政治建设、思想建设、组织建设、作风建设、纪律建设，把制度建设贯穿其中，深入推进反腐败斗争，不断提高党的建设质量，改进工作方式方法，发挥各级政协党组在政协工作中的领导核心作用、基层党组织的战斗堡垒作用、政协组织中共产党员的先锋模范作用，把党中央决策部署和对政协工作的要求落实下去，把海内外中华儿女实现中华民族伟大复兴中国梦的智慧和力量凝聚起来，共同为实现党的十九大确定的目标任务而奋斗。

新时代人民政协党的建设必须坚持党的领导，把握政协性质定位，发挥好协商民主这一实现党的领导重要方式的作用，保证党的理论和路线方针政策贯彻落实；坚持全面从严治党，落实管党治党责任，把政协党组织和党员队伍建设好；坚持民主集中制，确保政协党组织的活力和党的团结统一；坚持政协党组发挥领导核心作用与政协组织依照法律和政协章程履行职责相统一，把党的主张通过民主程序转化为政协组织的决定，更加广泛地凝聚共识、凝聚力量；坚持从实际出发，突出政协特色，积极探索创新，以党的建设推进新时代人民政协事业发展。

二、切实担负起实现党对人民政协领导的政治责任

人民政协是政治组织，旗帜鲜明讲政治是人民政协的根本要求。政协党的政治建设的首要任务是坚决维护习近平总书记的核心地位，坚决维护党中央权威和集中统一领导。各级政协党组要全面肩负起实现党对人民政协领导的重大政治责任，发挥好把方向、管大局、保落实的重要作用，确保把党中央大政方针和决策部署不折不扣贯彻落实到政协全部工作之中。严格执行重大问题请示报告制度，政协党组每年至少向同级党委作一次全面工作报告，政协年度协商计划、常委会工作报告、全体会议和常委会会议、党组重要工作等要向同级党委请示报告，传达党中央重要会议精神、执行党的重要指示和决定的情况要专题报告，重大事项和重要情况要及时请示报告。严格要求政协组织中的共产党员时刻牢记自己的第一身份是共产党员，第一职责是为党工作，牢固树立政治意识、大局意识、核心意识、看齐意识，在政治立场、政治方向、政治原则、政治道路上同以习近平同志为核心的党中央保持高度一致，做到党中央提倡的坚决响应、党中央决定的坚决执行、党中央禁止的坚决不做。

各级政协党组要认真落实开展党的统一战线工作的职责要求，引导各民主党派、无党派人士、各人民团体和各族各界人士深刻认识人民政协是一个政治共同体，必须共同落实党中央对人民政协的领导和对政协工作的要求，坚定道路自信、理论自信、制度自信、文化自信，在道路、方向、目标上形成统一意志和步调。建立政协党组同参加政协的各民主党派、无党派人士经常性联系制度，正确处理一致性和多样性的关系，及时了解统一战线内部思想动态，把在一些敏感点、风险点、关切点上强化思想政治引领同经常性思想政治工作结合起来，不断增强固守政治底线的定力和找到最大公约数、画出最大同心圆的能力，把更多的人团结在党的周围。

三、坚持用习近平新时代中国特色社会主义思想武装头脑

深入学习贯彻习近平新时代中国特色社会主义思想是政协党的建设的基础性工作。政协党组要把理论学习摆在更加突出的位置，深入学习习近平新时代中国特色社会主义思想，学习习近平总书记关于加强和改进人民政协工作的重要思想，系统掌握党的基本理论、基本路线、基本方略，把握核心要义、精神实质、实践要求，持续在学懂弄通做实上下功夫，做到学思用贯通、知信行统一。坚持和创新学习制度，以政协党组理论学习中心组学习为引领，主席会议集体学习、常委会会议集体学习、委员学习培训等相配套，形成内容丰富、方式多样的学习制度体系，推动实现以党员领导干部为重点的学习全覆盖。坚持理论联系实际，把学习教育同视察考察、专题调研等履职实践结合起来，感受新成就、领悟新思想。

大力弘扬马克思主义学风，推进“两学一做”学习教育常态化制度化，认真开展“不忘初心、牢记使命”主题教育，用党的创新理论武装头脑，引导政协组织中的共产党员牢记党的宗旨，坚定对马克思主义的信仰、对社会主义和共产主义的信念，解决好世界观、人生观、价值观这个“总开关”问题。

要引导参加人民政协的各民主党派、无党派人士、各人民团体和各族各界人士深入学习习近平新时代中国特色社会主义思想，并同深刻理解中国共产党历史、统一战线历史、人民政协历史结合起来，不忘多党合作初心，不断增进对中国共产党和中国特色社会主义的政治认同、思想认同、理论认同、情感认同，夯实团结奋斗的共同思想政治基础，在习近平新时代中国特色社会主义思想旗帜下携手前进。

四、推进人民政协党的组织和党的工作有效覆盖

党的力量来自组织。要加强政协党的组织建设，做到哪里有政协委员哪里就有党的工作，哪里有党员哪里就有党的组织，哪里有党的组织哪里就有健全的组织生活和党的组织作用的充分发挥，实现党的组织对党员委员的全覆盖、党的工作对政协委员的全覆盖。

各级政协党组要按照党章和《中国共产党党组工作条例（试行）》等有关规定，明确职责、开展工作。坚持全国政协党组、机关党组和专门委员会分党组的组织体系，加强全国政协党组对机关党组和专门委员会分党组的领导。完善地方各级政协党组织设置，在省级政协设立机关党组、专门委员会分党组；设区的市级政协和有条件的县级政协可设立机关党组。各级政协机关党组必须服从批准其设立的党组织领导，在履行职责过程中还应当接受本级政协党组的领导，专门委员会分党组应当接受本级政协党组的领导和机关党组的指导。各级政协党组和机关党组要领导机关和直属单位党组织的工作，加强基层党组织建设，突出政治功能，充分发挥其战斗堡垒作用。发挥专门委员会在工作中的基础性作用，并以专门委员会为依托开展党的工作。各级政协全体会议期间和重要视察考察调研、集中学习培训、团组出访等活动中，要设立临时党组织。

探索建立政协党组成员联系相关界别党员委员、党员委员联系党外委员制度，探索建立联系无党派人士界、宗教界委员机制。充分发挥党员委员在政治引领、发扬民主、合作共事、廉洁奉公等方面的模范作用。探索实行党员委员组织关系一方隶属、参加双重组织生活的办法，组织和引导党员委员自觉接受政协党组织教育管理和参加政协党组织活动、进行党性锻炼。

各级政协党组要尊崇党章，增强党内政治生活的政治性、时代性、原则性、战斗性。坚持民主集中制原则，坚持集体领导制度，完善议事规则。严格党的组织生活，落实“三会一课”、谈心谈话和民主评议党员等制度，开好民主生活会和组织生活会，把维护以习近平同志为核心的党中央权威，贯彻党的理论路线方针政策和决议，执行党的政治纪律和政治规矩，以及履职中发挥党员作用、开展团结联谊活动等情况作为重要内容。政协组织中的共产党员，不论职务高低，都必须编入党的一个支部、小组或其他特定组织，参加党的组织生活，接受党内外群众的监督；党员领导干部必须参加党组的民主生活会。不允许有任何不参加党的组织生活、不接受党内外群众监督的特殊党员。

五、驰而不息改进作风

作风关系形象，作风体现素质。政协党的作风建设是政协作风建设的关键，要严格贯彻落实中央八项规定及其实施细则精神，坚决反对形式主义、官僚主义、享乐主义和奢靡之风。

各级政协党组织和共产党员要坚持求真务实、真抓实干，做转作风改作风的表率。持续改进视察考察工作，选题广泛征求意见，严格执行不准搞迎来送往、层层陪同，不准违反规定吃吃喝喝，不准接受礼品、纪念品、土特产，不准接受超标准接待，不准搞高消费娱乐、健身活动等要求。坚持简约俭朴办会，科学安排会期、规模，不搞与会议无关的活动。切实改进文风，各种文件力求简明扼要、具体可行，会议发言提倡开门见山、言之有物。不断改进调查研究方式方法，严格控制团组规模，优化队伍组成，深入基层、深入群众、深入实际，着力提高调查研究质量，坚决克服重调查轻研究的现象，坚决防止图形式、走过场。政协组织中的党员领导干部和党员委员要自身正、自身净、自身硬，弘扬党的统战工作的优良传统作风，在同党外人士打交道时，坚持相互尊重、平等待人，以民主的作风、良好的形象团结人影响人，决不能居高临下、颐指气使。

各级政协党组织和共产党员要坚持党的群众路线，密切同政协委员的联系。各级政协党组要建立健全走访看望委员制度以及接待和处理委员来信来访制度。全国政协党组成员要带头落实到地方调研听取住当地全国政协委员意见建议、联系政协专门委员会和界别等制度。

六、坚持用严明的纪律推进全面从严治党

纪律严明是全党统一意志、统一行动、步调一致前进的重要保障，也是政协党的建设的重要内容。各级政协党组织必须扎实推进全面从严治党，坚持把纪律挺在前面，把监督挺在前面，坚决防止和纠正执行纪律宽松软等问题。

要严明党的政治纪律，教育政协组织中的共产党员严格遵守党的政治纪律和政治规矩，把对党忠诚、为党分忧、为党尽职、为民造福作为根本政治担当，坚决防止和反对个人主义、分散主义、自由主义、本位主义、好人主义，坚决防止和反对宗派主义、圈子文化、码头文化，坚决反对搞两面派、做两面人。党员特别是党员领导干部在大是大非面前必须旗帜鲜明、亮明态度，不能动摇基本政治立场，不能被错误言论所左右，不能无动于衷、置身事外。党员委员要正确认识和处理党内民主和人民民主的关系，在政协活动中决不允许发表任何与党中央大政方针相违背的言论。政协党组要严把各项活动的政治关，认真组织政协委员履职尽责，努力营造既畅所欲言、各抒己见，又理性有度、合法依章的良好协商氛围。要重点强化政治纪律和组织纪律，带动廉洁纪律、群众纪律、工作纪律、生活纪律严起来，以共产党员的模范行动影响和带动广大委员守纪律、讲规矩、重品行。

各级政协党组织要切实担负起管党治党政治责任，加强党风廉政建设和反腐败斗争，注重抓早抓小、抓苗头抓细节，开展纪律教育，强化日常管理监督，持之以恒正风肃纪，坚决防止利用政协影响力谋取私利，坚决防止利用委员资源谋取私利。支持纪检监察机关派驻政协机关纪检监察组履行纪检监察职责。对违纪违法的，严格依纪依法作出严肃处理。

七、加强对新时代人民政协党的建设工作的领导

各级党委要切实加强对政协工作的领导，将政协党的建设工作纳入党委工作总体布局，一体谋划、一体推进。建立健全定期听取政协党的建设工作汇报制度，及时研究和解决工作中存在的重大问题，对政协党组织执行党的路线方针政策和决议的情况进行督促检查。地方各级党委每届要召开一次政协工作会议，把党的建设作为重要内容进行部署。党委主要负责同志要参加政协重要会议活动，带头做党的统战工作，带头广交深交党外朋友，加强对政协党的建设工作的具体指导。

各级政协党组要树立做好政协工作必须抓好党的建设的观念，深化抓好党建是本职、不抓党建是失职、抓不好党建是不称职的认识，有效避免党建和履职“两张皮”现象，以党的建设引领和推动履职实践，以履职成效检验政协党的建设工作的质量和水平。要认真研究制定党的建设工作规划和年度计划，加强督促检查，严格考核评价。建立健全政协党组织党建工作责任制，各级政协党组书记履行抓党建第一责任人职责，其他党组成员抓好职责范围内党的建设工作。上级政协党组在指导下级政协工作中应当把党的建设作为重要内容。加强对政协组织中党员的教育、管理、监督，充分发挥他们在政协工作中的先锋模范作用。要把加强委员队伍建设作为党的建设工作的重要内容，按照懂政协、会协商、善议政的要求，提高政治把握能力、调查研究能力、联系群众能力、合作共事能力。加强政协党务工作者队伍建设，增强做好新时代政协党的建设工作的力量。全国政协党组每届至少组织召开一次政协党的建设工作座谈会，总结推广经验，推动改革创新，提高政协党的建设工作整体水平。

各级政协党组织要主动加强与同级党的纪检、组织、宣传、统战等方面的联系配合，共同做好政协党的工作，共同建设好委员队伍、干部队伍，形成推动政协系统党的建设工作的强大合力和良好氛围。

中国人民政治协商会议
全国委员会反映社情民意信息工作条例

（2005年1月17日政协第十届全国委员会第十八次主席会议通过　2015年10月9日政协第十二届全国委员会第三十五次主席会议修订　2018年7月25日政协第十三届全国委员会第七次主席会议修订）

第一条　为规范人民政协反映社情民意信息工作，根据《中国人民政治协商会议章程》和有关规定，制定本条例。

第二条　反映社情民意信息是人民政协重要的经常性、基础性工作，是履行政治协商、民主监督、参政议政职能的重要方式，是社会舆情汇集和分析机制的重要组成部分。

第三条　反映社情民意信息是政协各参加单位、各专门委员会、政协委员、各民主党派和工商联成员及无党派人士，围绕国家大政方针和地方的重要举措，以及经济、政治、文化、社会、生态文明建设和党的建设中的重要问题，人民群众关心的实际问题，通过政协内部适当方式，向中共中央、国务院和地方党委、政府及有关部门反映情况，提出意见和建议。

第四条　反映社情民意信息工作，要高举中国特色社会主义伟大旗帜，以马克思列宁主义、毛泽东思想、邓小平理论、

“三个代表”重要思想、科学发展观、习近平新时代中国特色社会主义思想为指导，坚持团结和民主两大主题，围绕中国特色社会主义事业“五位一体”总体布局和“四个全面”战略布局，深入基层，深入群众，广泛汇集、反映社情民意，为实现“两个一百年”奋斗目标和中华民族伟大复兴的中国梦贡献力量。

第五条 反映社情民意信息工作，坚持中国共产党领导，坚持围绕中心、服务大局，坚持解放思想、实事求是，坚持体现统一战线特色，坚持密切联系群众，坚持问题导向。

第六条 反映社情民意信息是政协委员的重要职责。政协委员要密切联系群众，重点联系本界别群众，深入了解民情，充分体察民意，广泛集中民智，积极反映社情民意信息。

第七条 做好反映社情民意信息工作是各级政协办公厅（室）和各专门委员会的一项重要任务。

政协全国委员会办公厅和各专门委员会在全体会议、常务委员会会议、专题协商会、双周协商座谈会等协商议政活动，以及视察、调研、提案、大会发言、团结联谊等工作中，收集、整理政协委员反映的重要情况和意见建议。

完善信息特邀委员制度。政协全国委员会办公厅聘请若干委员为信息特邀委员。

第八条 政协全国委员会办公厅和各专门委员会为各民主党派、工商联和无党派人士反映社情民意信息提供服务，加强与有关人民团体的联系，充分发挥他们在反映社情民意信息工作中的作用。

第九条 政协全国委员会办公厅加强与政协各省、自治区、直辖市及副省级市委员会反映社情民意信息工作的联系，做好指导、协调和服务工作。

完善反映社情民意信息联系点制度。政协全国委员会办公厅根据需要在基层政协地方委员会建立若干反映社情民意信息联系点。

第十条 维护政协委员、各民主党派和工商联成员及无党派人士依照宪法法律和政协章程反映社情民意信息的民主权利。

第十一条 政协全国委员会办公厅设立专门工作机构，负责社情民意信息的收集、编辑、报送、反馈，以及有关组织、协调、服务、保密的具体工作。

建立反映社情民意信息情况分析机制。定期通报反映社情民意信息工作情况。每年向常务委员会报告反映社情民意信息工作。

第十二条 政协全国委员会办公厅建立专门反映社情民意信息网络，为政协全国委员会委员和各民主党派中央、全国工商联，政协各省、自治区、直辖市和副省级市委员会，以及反映社情民意信息联系点等，提供畅通、安全、快捷的传递渠道。

第十三条 政协全国委员会办公厅重视反映社情民意信息工作队伍建设，加强信息工作人员的政治和业务培训，为开展工作创造条件。

第十四条 政协全国委员会办公厅定期表彰优秀社情民意信息、反映社情民意信息工作先进单位和先进个人。

第十五条 政协各级地方委员会可根据本条例，结合实际情况，制定相应的规定。

第十六条 本条例自主席会议通过后实行。由政协全国委员会办公厅负责解释。

中国人民政治协商会议
全国委员会委员视察考察工作条例

（1988 年 5 月 3 日政协第七届全国委员会第四次主席会议通过　2005 年 1 月 17 日政协第十届全国委员会第十八次主席会议修订　2015 年 12 月 22 日政协第十二届全国委员会第三十八次主席会议修订　2018 年 11 月 16 日政协第十三届全国委员会第十二次主席会议修订）

第一条　为促进政协全国委员会委员视察、考察工作制度化、规范化、程序化，根据《中国人民政治协商会议章程》和有关规定，制定本条例。

第二条　委员视察、考察是人民政协的一项基础性工作；是履行政治协商、民主监督、参政议政职能的重要形式；是密切联系群众，加强党派、界别之间合作共事，推进社会主义民主政治建设的重要途径；是实现自我教育，打牢团结奋斗的共同思想政治基础的重要渠道。

委员视察工作是政协全国委员会办公厅、专门委员会组织全国政协委员，对国家宪法、法律和法规的实施，重大方针政策、重大改革举措、重要决策部署的贯彻执行情况，经济建设、政治建设、文化建设、社会建设、生态文明建设中的重要问题，人民群众普遍关心的问题，国家机关及其工作人员的工作等，进行实地察看，建言资政，反映社情民意，开展民主监督。

委员考察工作是政协全国委员会办公厅、专门委员会和受委托的省级政协组织全国政协委员，就各项事业和群众生活的重要问题，进行实地察看，了解情况、学习提高。

第三条 委员视察、考察工作，要高举中国特色社会主义伟大旗帜，以马克思列宁主义、毛泽东思想、邓小平理论、“三个代表”重要思想、科学发展观、习近平新时代中国特色社会主义思想为指导，增强“四个意识”、坚定“四个自信”，贯彻长期共存、互相监督、肝胆相照、荣辱与共的方针，聚焦党和国家中心任务，坚持团结和民主两大主题，围绕中国特色社会主义事业“五位一体”总体布局和“四个全面”战略布局，了解国情民情，提出意见和建议，为实现“两个一百年”奋斗目标、实现中华民族伟大复兴的中国梦贡献智慧和力量。

第四条 政协全国委员会办公厅统筹安排委员视察、考察工作，负责提出年度工作计划，并经主席会议审定后实施，向常务委员会会议和全体会议提交年度工作情况报告。

第五条 委员视察、考察选题，根据政协全国委员会全体会议精神、中共政协全国委员会党组工作要点及年度协商计划，与相关会议议题、重点提案相结合，在充分征求各方面意见后形成。委托省级政协组织考察的选题，结合政协全国委员会重点工作和地方实际需要确定。

第六条 委员视察的组织形式主要有：常委视察团、委员视察团、专题视察团。

委员考察的组织形式主要有：专题考察团、界别考察团、住香港特别行政区和住澳门特别行政区委员考察团；委托省级政协组织的所在地全国政协委员跨省考察团和就地考察团。

第七条 视察团根据视察内容和组织形式需要，邀请相关委员包括所到地全国政协委员参加。

考察团采取委员自愿报名和统筹协调相结合的办法组成。

第八条 视察团设团长一人、副团长若干人、秘书长一人；团长、副团长和秘书长人选在视察团组团会议上协商产生。团长、副团长领导视察活动，秘书长负责视察团有关组织协调工作。

考察团负责人根据需要确定。

重要视察、考察活动，视察、考察团设立临时党组织。

第九条 委员参加视察、考察前，应围绕视察、考察内容，学习有关文件，做好准备工作；视察、考察中，应坚持问题导向，具有学习精神，深入了解实际情况，深化认识、凝聚共识，提出意见和建议。

第十条 委员视察方式包括听取情况介绍、走访察看、座谈讨论、内部交流、与地方党政负责同志交换意见等。

委员考察视情选取适当方式开展工作。

第十一条 常委视察团、委员视察团形成视察报告，提交政协全国委员会常务委员会会议审议，并视情报送中共中央办公厅和国务院办公厅。

专题视察团形成简报，报送政协全国委员会办公厅和专门委员会。

考察团形成考察报告或简报，报送政协全国委员会办公厅和相关专门委员会。

第十二条 视察、考察过程中发现的重要情况或提出的建议，还可通过提案、会议发言、社情民意信息和其他形式反映。

第十三条 视察、考察团视情邀请新闻单位派记者随团采访报道。运用网络等新媒体，加强对视察、考察成果的宣传报道。

第十四条 政协全国委员会办公厅视情将中共中央、国务院领导同志对视察报告的批示情况、相关部门和地方对视察报告意见建议的吸收采纳情况，及时反馈给视察团成员和视察所到地的省级政协。

第十五条 委员视察、考察活动要贯彻中央八项规定及其实施细则精神，坚持“务实、高效、规范、协作”原则，深入实际、深入基层、深入群众，严格纪律，厉行节约，科学安排，精心组织。

第十六条 委员视察、考察经费纳入政协全国委员会办公厅年度经费预算。

委托省级政协组织的委员考察经费由政协全国委员会办公厅按规定拨付。

第十七条 本条例由政协全国委员会办公厅负责解释，自主席会议通过之日起施行。

中国人民政治协商会议全国委员会提案工作条例

（1991年1月11日政协第七届全国委员会常务委员会第十二次会议通过　1994年10月8日政协第八届全国委员会常务委员会第八次会议修订　2000年2月29日政协第九届全国委员会常务委员会第八次会议修订　2005年2月28日政协第十届全国委员会常务委员会第八次会议修订　2011年2月28日政协第十一届全国委员会常务委员会第十二次会议修订　2018年11月29日政协第十三届全国委员会常务委员会第四次会议修订）

第一章　总　　则

第一条　为发挥人民政协提案（以下简称提案）在履行政治协商、民主监督、参政议政职能中的重要作用，根据《中国人民政治协商会议章程》和有关规定，制定本条例。

第二条　提案是政协委员，参加政协的各党派、各人民团体，政协各专门委员会，政协全体会议期间的界别、委员小组（以下统称提案者），向政协全体会议或者常务委员会提出并交提案审查委员会或者提案委员会审查的书面意见和建议。经审查立案的提案，交承办单位办理并作出书面答复。

提案是履行人民政协职能的重要方式，是坚持和完善中国共产党领导的多党合作和政治协商制度的重要载体，是发扬中国特色社会主义民主的重要形式，是协助中国共产党和国家机关实现决策民主化、科学化的重要渠道。

第三条 提案工作以马克思列宁主义、毛泽东思想、邓小平理论、“三个代表”重要思想、科学发展观、习近平新时代中国特色社会主义思想为指导，高举爱国主义、社会主义旗帜，坚持中国共产党领导的多党合作和政治协商制度，贯彻长期共存、互相监督、肝胆相照、荣辱与共的方针，紧紧围绕中国特色社会主义事业“五位一体”总体布局和“四个全面”战略布局，充分发扬民主，广开言路，改革创新，调动一切积极因素，为推进现代化建设、完成祖国统一、维护世界和平与促进共同发展，实现“两个一百年”奋斗目标、实现中华民族伟大复兴的中国梦服务。

第四条 提案工作坚持围绕中心、服务大局、提高质量、讲求实效的方针，加强制度化、规范化、程序化和信息化建设，提高提案质量、办理质量和服务质量。

第五条 提案工作是人民政协的一项全局性工作，政协委员和参加政协的各党派、各人民团体以及政协各专门委员会应当密切协作，充分利用提案的方式履行职能。

第六条 政协全体会议听取和审议常务委员会关于提案工作情况的报告，听取和审议提案审查委员会或者提案委员会关于提案审查情况的报告。

政协全国委员会秘书长或者秘书长委托的副秘书长负责协调提案工作。

第二章 机构设置

第七条 每届政协第一次会议成立提案审查委员会，由主任、副主任和委员若干人组成，成员从本届政协委员中产生，由第一次会议预备会议决定，负责第一次会议期间提案的审查工作，并向全体会议报告提案审查情况。

第八条 每届政协第一次会议闭会后，提案审查委员会根据情况作必要调整，经常务委员会会议审议通过，作为提案委员会列入专门委员会序列，在常务委员会和主席会议领导下，负责提案工作，每届任期五年。提案委员会组成人员的调整，依据《中国人民政治协商会议全国委员会专门委员会通则》有关规定办理。

第九条 提案委员会的职责：

（一）起草常务委员会关于提案工作情况的报告，向政协全体会议报告提案审查情况，向政协常务委员会会议、主席会议报告工作；

（二）制定政协全体会议期间提案工作方案；

（三）制定提案委员会年度工作计划；

（四）组织征集提案，做好知情明政服务；

（五）对收到的提案进行审查和处理；

（六）对提案办理工作进行检查和督促，对办理不符合要求的商请承办单位重新办理，对未按期办复的及时催办；

（七）采取多种形式向中央和国家机关有关部门、中央军委有关部门反映提案中的重要意见和建议；

（八）组织重点提案的遴选与督办；

（九）组织提案工作的宣传报道和评选表彰，推动提案公开和信息化建设；

（十）组织提案工作学习研讨和经验交流，开展理论研究和业务培训；

（十一）加强与中共中央办公厅、全国人大常委会办公厅、国务院办公厅、政协全国委员会办公厅、中央军委办公厅以及各承办单位的联系；

（十二）加强与政协委员和各民主党派、有关人民团体以及政协其他专门委员会的联系与协作；

（十三）加强与地方政协提案委员会的联系，互通情况，交流经验，指导工作。

第十条 以提案委员会名义形成的重要文件，须经提案委员会全体会议或者主任会议讨论通过，并由提案委员会主任或者主任委托的副主任签发。

第十一条 提案委员会全体会议一般每半年召开一次，必要时可以临时召集；提案委员会主任会议根据工作需要举行。

第十二条 提案委员会下设办公室。办公室是提案委员会的办事机构，是政协机关的组成部分。

第三章 提案的提出

第十三条 提案的提出方式：

（一）政协全国委员会委员，可以个人名义或者联名方式提出提案，联名提案者须出于自愿。

（二）政协全体会议期间，可以界别、委员小组或者联组名义提出提案。

（三）参加政协全国委员会的各党派、人民团体，可以本党派、团体名义提出提案。

（四）政协全国委员会各专门委员会，可以本专门委员会名义提出提案。

第十四条 提案的基本要求：

（一）提案应当围绕党和国家大政方针、中心工作，坚持问题导向，聚焦社会主义经济建设、政治建设、文化建设、社会建设、生态文明建设中的重要问题，人民群众普遍关心的问题，以及爱国统一战线的其他重要问题，在深入调查研究基础上提出。

（二）提案应当坚持严肃性、科学性、可行性，须一事一案，实事求是，简明扼要，有情况、有分析、有具体建议。

（三）提案的提出注重质量不比数量。

第十五条 提案可以在政协全体会议期间提出，也可以在闭会期间提出。

第十六条 提案委员会应当加强闭会期间的提案征集工作。提案者应当重视在闭会期间提出提案，可将有关调研报告，在政协全体会议、常务委员会会议、专题协商会、双周协商座谈会上的发言，以及网络议政、远程协商的成果转化为提案，也可以通过委员履职移动平台提交提案。

第四章 提案的审查和处理

第十七条 提案审查委员会或者提案委员会本着尊重和维护提案者的民主权利、保证提案质量的原则，对收到的提案进行审查。

经审查立案的提案，应当根据提案的内容和有关单位的职责分工协商确定承办单位。凡涉及两个或者两个以上承办单位办理的提案，应当确定主办单位和会同办理单位或者分别办理单位。

对内容相同且符合立案标准的提案，作并案处理，原提案第一提案者均为并案后提案的第一提案者。并案处理情况应当及时告知提案者。

第十八条 不符合本条例第三章规定，或者有下列情形之一的提案，不予立案：

（一）违反宪法和法律规定的；

（二）涉及党和国家秘密的；

（三）中共党员对党内有关组织、人事安排等方面有意见的；

（四）民主党派成员反映本组织内部问题的；

（五）进入民事、刑事、行政诉讼程序或者行政复议、仲裁程序的；

（六）属于学术研讨的；

（七）为本人或者亲属解决个人问题的；

（八）宣传、推介具体作品、产品的；

（九）指名举报的；

（十）涉及纪检监察机关正在审查和调查的涉嫌违纪违法问题的；

（十一）内容空泛、没有具体建议的。

不予立案的，应当与提案者及时沟通协商并书面告知，视情以意见和建议等形式转送有关部门参阅，提案者也可修改完善后重新提交。

第十九条 提案委员会对涉及全局问题的重大提案，可以提请主席会议审议通过后以建议案形式向有关方面提出。

第二十条 政协全体会议期间，经审查立案的提案，由政协全国委员会召开提案交办会议，按归口管理的原则，集中送交有关单位承办；政协全体会议闭会期间，经审查立案的提案，由提案委员会及时送交有关单位承办。

第五章 提案的办理

第二十一条 承办提案的中央和国家机关有关部门、中央军委有关部门，各省、自治区、直辖市中共党委和人民政府，有关人民团体等，根据国家法律法规、政策和有关规定办理提案，并对立案的提案向提案者作出书面答复。

（一）提案办理工作应当健全制度，严格程序，保证质量。承办单位应当在规定的时限内对提案进行答复。对提案的答复应当按规定的格式行文，并加盖公章。对不予采纳的，要说明情况。

（二）委员个人的提案，办理复文寄送委员本人；委员联名的提案，办理复文寄送第一提案者；党派、人民团体、政协专门委员会的提案，办理复文寄送提案单位；界别、委员小组或者联组的提案，办理复文寄送联系人。中共中央有关部门承办的提案，办理复文抄送中共中央办公厅；中央国家机关有关部门承办的提案，办理复文抄送国务院办公厅。所有办理复文均须抄送政协全国委员会提案委员会。

（三）涉及两个或者两个以上单位会同办理的提案，主办单位应当主动协商，会同办理单位应当积极配合，及时将会同办理意见告主办单位，由主办单位答复提案者；分别办理的提案，由各承办单位分别答复提案者。

（四）在办理提案过程中，提案者可以通过提案委员会了解有关提案办理情况，参与提案的办理。在收到办理复文后，应当及时向提案委员会反馈意见。

（五）承办单位应当将沟通协商作为提案办理的必要环节，与提案者共商解决问题的办法，并征询对办理复文的意见。如提案者对办理结果不满意，提案委员会应建议承办单位重新研究，作出进一步的解释说明或者重新答复。

第二十二条 有序推进提案办理结果公开和提案内容向社会公开，适时开展提案办理评议。

第六章 提案的督办

第二十三条 提案的督办由政协全国委员会办公厅统筹协调，各专门委员会分工协作，提案委员会组织实施。

第二十四条 对反映党和政府亟待解决、人民群众普遍要求改进的问题的，对推动工作有重要作用并具有较强可行性的提案，可以选作重点提案。重点提案中应有民主监督性提案。

第二十五条 重点提案在广泛征求意见的基础上提出，由主席会议或者主席办公会议审定。

第二十六条 重点提案督办可以采用政协专门委员会、提案者、承办单位相结合的协商座谈、视察调研、走访、报送《重要提案摘报》等方式，推动办理工作，保证办理质量。对提案中当年不能解决的重要问题，要跟踪督办，促进落实。

第二十七条 对于党派、人民团体、政协专门委员会的提案和其他重要提案，提案委员会应当报送政协主席、副主席，并可以提出督办建议。

第七章 提案工作的表彰

第二十八条 对于优秀提案、先进承办单位和先进承办个人，政协全国委员会应当给予表彰。

第二十九条 优秀提案的评选条件为：

（一）选题准确，围绕国家经济社会发展中的重要问题，人民群众普遍关心的问题，以及爱国统一战线的其他重要问题建言献策。

（二）针对性强，反映情况真实，分析问题深入，提出建议具体，具备严肃性、科学性、可行性。

（三）成效显著，对宏观决策、长远规划有重要参考价值。对改进工作有明显作用。

第三十条 先进承办单位的评选条件为：

（一）办理提案坚持实事求是，做得到的认真负责办理，做不到的直截了当给予答复。

（二）办理工作有领导负责，有专人承办；制度健全、程序规范，按时限书面答复提案者；及时进行提案综合分析和办理工作总结。

（三）采取多种方式与提案者进行沟通协商，积极推动办理落实。

（四）办理工作成效明显，对应当解决并有条件解决的及时予以解决，多数提案者对办理工作表示满意。

第三十一条 先进承办个人的评选条件为：

（一）对待提案办理工作态度积极、认真负责、严谨细致。

（二）工作有思路、有举措、有创新，能够按时高质量完成办理任务，业绩突出。

第三十二条 优秀提案、先进承办单位和先进承办个人的评选应当发扬民主，广泛征求意见。优秀提案由承办单位推荐或者提案者自荐；先进承办单位由提案者推荐；先进承办个人由承办单位推荐。推荐结果经提案委员会主任会议、全体会议初选后，报请主席会议审定。

第八章 附 则

第三十三条 本条例经常务委员会会议审议通过后实行。提案委员会可结合实际情况，制定相应实施细则。

第三十四条 政协各级地方委员会可以根据本条例，结合实际情况，制定相应的规定。

中国人民政治协商会议会徽制作和使用规定

（2018 年 6 月 7 日政协第十三届全国委员会第四次秘书长会议通过）

第一条 为了维护中国人民政治协商会议（以下简称政协）会徽的尊严，规范会徽的制作和使用，根据政协章程，制定本规定。

第二条 会徽为一颗五角星、齿轮和麦穗、四面红旗和缎带、中国地图和地球、“1949”和“中国人民政治协商会议”组成的图案。

会徽中，一颗五角星表示中国共产党领导；齿轮和麦穗表示以工农联盟为基础；四面红旗和缎带表示各党派、各团体、各民族、各阶层的大团结大联合；中国地图和地球表示全国人民包括香港特别行政区同胞、澳门特别行政区同胞、台湾同胞和海外侨胞的团结；“1949”和“中国人民政治协商会议”分别为诞生时间、名称。

会徽按照政协全国委员会办公厅发布的《中国人民政治协商会议会徽制作规范》制作。

第三条 会徽是政协的象征和标志。政协各参加单位和个人都要维护会徽的尊严。

第四条 会徽的使用范围：

（一）政协各级委员会所在地应当悬挂会徽。

（二）政协各级委员会全体会议及其常务委员会会议场所应当悬挂会徽；政协各级委员会的会议可以使用带有会徽图案的会议用品。

（三）政协全国委员会，政协全国委员会办公厅，政协各级地方委员会及其工作机构的印章（印模）中间应当刻有会徽图案。

（四）政协全国委员会主席、副主席以职务名义使用的信封、信笺、请柬等，可以使用会徽图案；政协各级地方委员会可以参照执行。

（五）政协全国委员会办公厅和各专门委员会使用的信封、信笺、请柬等，可以使用会徽图案；政协各级地方委员会可以参照执行。

（六）与政协有关的报刊、杂志、音像制品及其他出版物上可以使用会徽图案。

（七）政协各级委员会官方网站、微博、微信公众号等，可以使用会徽图案。

（八）新闻媒体报道政协会议或与政协有关的活动，可以使用会徽图案。

在本规定范围以外需要悬挂或者使用会徽及其图案的，须报政协全国委员会办公厅批准。

第五条 会徽应悬挂在会场和机关正门上方正中处。使用会徽及其图案，应当严肃、庄重。

第六条 不得使用破损、污损、褪色或不符合制作规定的会徽。

第七条 会徽及其图案不得用于：

（一）商标、广告；

（二）日常生活的陈设布置；

（三）私人庆吊活动；

（四）与政协活动无关的其他场合。

第八条 用于悬挂的会徽，由政协全国委员会办公厅从生产国旗国徽的企业中指定企业制作，会徽直径的通用尺度为下列三种：

（一）一百厘米；

（二）八十厘米；

（三）六十厘米。

会场悬挂会徽的尺度，根据会场需要确定。

其他特定场所，需要悬挂非通用尺度的会徽，须报政协全国委员会办公厅批准。

第九条 政协各级委员会工作机构应对本规定的执行情况经常进行监督检查，对违反本规定的应立即纠正，并将有关情况报政协全国委员会办公厅。

第十条 本规定自发布之日起施行。《关于规范中国人民政治协商会议会徽使用样式的通知》（政全厅发〔2011〕118号）同时废止。

附件：中国人民政治协商会议会徽制作规范（略）

中国人民政治协商会议
全国委员会重点提案遴选与督办办法

（2014年1月14日政协第十二届全国委员会第十一次主席会议通过）

第一条 为提高提案办理质量，规范重点提案遴选与督办工作，根据《中国人民政治协商会议全国委员会提案工作条例》和中共中央办公厅、国务院办公厅《关于进一步加强人民政协提案办理工作的意见》，制定本办法。

第二条 重点提案的遴选与督办由政协全国委员会办公厅统筹协调，各专门委员会分工协作，提案委员会组织实施。

第三条 重点提案从大会期间及闭会后立案的提案中遴选，数量为立案提案总数的1%左右。其中，各民主党派中央和全国工商联、政协各专门委员会、政协界别、界别小组的重点提案数量，原则上不少于重点提案总数的30%。

第四条 重点提案必须是反映情况真实，分析问题深刻，建议明确具体、可行性较强的提案，且符合下列标准之一。

（一）围绕党和政府中心工作，反映经济社会发展和改革中的重要问题；

（二）全局性、前瞻性、战略性较强，对宏观决策和长远规划具有重要参考价值；

（三）政协委员高度关注，有利于推动解决人民群众普遍关心的实际问题。

第五条 重点提案按照以下程序遴选：

（一）推荐。政协全体会议闭幕后，提案委员会及时将立案提案送各民主党派中央和全国工商联、各专门委员会。各民主党派中央和全国工商联从中各自推荐2~3件提案。各专门委员会根据本委员会所涉及的专业领域进行推荐，数量不超过本委员会所涉专业领域提案数的1%，同时结合年度工作，推荐1~2件提案，作为本委员会牵头督办的重点提案。

（二）初选。政协提案交办会后，提案委员会组织召开有提案委员会主任、副主任、委员，各专门委员会、各民主党派中央和全国工商联、相关承办单位的负责同志参加的全国政协重点提案选题协商会，对各方面推荐的重点提案进行协商，研究确定重点提案题目和督办方式（草案）。重点提案题目和督办方式（草案）由提案委员会主任会议、全体会议审议后，以书面形式征求相关承办单位意见。

（三）审定。重点提案题目和督办方式由政协全国委员会主席办公会议审定，以政协全国委员会办公厅文件印发。

第六条 重点提案采取专题调研、视察、提案办理协商会、《重要提案摘报》等方式进行督办。督办题目可以是单件重点提案，也可以是广泛关注的一个方面的若干提案。

（一）以专题调研或视察方式开展的重点提案督办活动，由提案委员会或与相关专门委员会、政协全国委员会办公厅有关部门联合组织实施。督办情况形成调研报告或视察报告，由政协全国委员会办公厅送中共中央办公厅、国务院办公厅。督办活动应邀请提案者、提案承办单位有关部门的负责同志和有关专家学者参与。提案委员会应做好督办活动的协调服务工作。

（二）以提案办理协商会方式开展的重点提案督办活动，由提案委员会组织实施。协商情况以《重要提案摘报》的方式送中共中央办公厅、国务院办公厅，或以《专门委员会简报》形式反映。

（三）重点提案中的主要意见和建议，由提案委员会以《重要提案摘报》的方式送中共中央办公厅、国务院办公厅。

第七条 中共中央、国务院和全国政协领导同志关于重点提案的批示情况，由提案委员会及时告知提案者和提案承办单位，并跟踪了解落实情况。

第八条 对于未按期办复的重点提案，提案委员会应及时催办。对于办理答复意见未落实或需要跨年度办理的，视情组织跟踪督办。

第九条 政协各专门委员会和政协全国委员会办公厅有关部门牵头督办的重点提案，应在年底前将督办情况以书面形式向提案委员会反馈，提案委员会汇总后向政协全国委员会主席办公会议汇报。

第十条 本办法由政协全国委员会主席会议审定后实行，提案委员会负责解释。《中国人民政治协商会议全国委员会重点提案遴选与督办暂行办法》（政全厅发〔2012〕2号）废止。

政协全国委员会专题协商会工作办法

（2015 年 5 月 14 日政协第十二届全国委员会第二十九次主席会议通过）

为进一步推进政协全国委员会专题协商会工作的制度化、规范化、程序化，提高专题协商会成效，制定本工作办法。

一、专题协商会是政协全国委员会组织政协常委、委员围绕国家的大政方针，就经济、政治、文化、社会、生态文明和党的建设中的某项专门问题进行协商讨论、议政建言的会议形式，是开展政协专题协商的主要载体，是发挥政协作为协商民主重要渠道和专门协商机构作用、协助党和政府科学民主决策的重要平台。

二、专题协商会坚持围绕中心、服务大局，协商于决策之前和决策实施之中；坚持问题导向，充分调研论证，提出符合实情、反映民意、有助决策的意见建议；坚持民主协商、平等议事、求同存异、体谅包容，鼓励委员畅所欲言、各抒己见，促进形成共识。

三、专题协商会由政协全国委员会主席或主席委托的副主席主持。

四、专题协商会一般每年召开 2 次，会期 1 天，分别安排在第二、三季度。

五、专题协商会议题遴选充分发扬民主，在广泛征求党政部门、党派团体、政协专门委员会、政协委员等方面意见基础上提出，并列入政协全国委员会年度协商计划，按程序提交审议后确定。

六、专题协商会方案由政协全国委员会有关专门委员会会同办公厅提出，明确议题、时间、地点、程序、出席范围、成果运用、筹备工作等事项，经秘书长办公会议、秘书长会议研究后报政协全国委员会主席或主席委托的副主席审定。

七、专题协商会的出席范围：政协全国委员会主席、部分副主席、秘书长，副秘书长，各专门委员会主任和驻会副主任，有关常委、委员；各民主党派中央、全国工商联有关负责人。

根据议题，邀请中共中央、国务院有关领导同志和有关部门负责人出席，也可视情邀请其他有关方面人员参加。专题协商会的出席人员规模约 150 人。

八、政协全国委员会办公厅和有关专门委员会会前组织政协常委、委员围绕议题深入开展调研视察，了解情况、找准问题、提出对策建议，为开好会议作准备。

九、专题协商会的主要议程：有关部门负责同志介绍情况，与会人员发言，有关部门负责同志和政协常委、委员互动交流，中央领导同志讲话。

政协常委、委员发言分为预约发言和自由发言，充分反映委员大会发言、提案、反映社情民意提出的相关意见建议，积极反映政协全国委员会专门委员会专题调研、常委和委员视察、界别调研和各民主党派中央、全国工商联的调研成果，做到言之有据、言之有理、言之有度、言之有物。

十、专题协商会的会议情况报告由有关专门委员会配合办公厅整理形成，以中共政协全国委员会党组名义报送中共中央；具体建议还可以政协信息等形式报送中共中央、国务院领导同志及有关部门参考。

政协全国委员会办公厅和有关专门委员会主动与有关部门建立联系、沟通信息，对专题协商会成果的采纳情况进行跟踪落实。

十一、专题协商会作新闻报道。

十二、专题协商会的筹备组织工作由政协全国委员会办公厅具体负责。

中国人民政治协商会议
全国委员会提案办理协商办法

（2015年10月9日政协第十二届全国委员会第三十五次主席会议通过）

根据《中共中央办公厅关于加强人民政协协商民主建设的实施意见》（中办发〔2015〕36号，以下简称《实施意见》）、《中共中央办公厅、国务院办公厅关于进一步加强人民政协提案办理工作的意见》（中办发〔2012〕13号，以下简称《意见》）和《中国人民政治协商会议全国委员会提案工作条例》，为规范提案办理协商工作，制定本办法。

一、提案办理协商是人民政协协商民主的重要形式，是提案者、提案承办单位、政协组织及有关方面为增进共识、推动政协提案办理开展的协商活动，贯穿于提案的提出、立案、交办、经办、督办、反馈各环节。政协组织做好组织、协调、督促、服务工作，推动提案办理协商广泛多层制度化开展。

二、提案办理协商坚持围绕中心、服务大局、提高质量、讲求实效的提案工作方针，坚持民主协商、平等议事、求同存异、体谅包容的协商原则。

三、提案提出。政协委员可以个人名义或联名方式提出提案，参加政协的各党派、各人民团体和政协各专门委员会可提出集体提案。提案可在政协全体会议期间提出，也可在闭会期间提出。全体会议期间，委员可按程序以界别、小组或者联组名义提出集体提案。提案者提出提案，应按照“四个全面”战略布局，围绕党和国家中心工作、人民群众关心的实际问题，深入调查研究，广泛听取意见，注重针对性和可行性。全国政协办公厅和提案委员会可通过邀请有关部门通报工作情况等方式，帮助提案者知情明政。提案委员会召开各民主党派和工商联提案工作座谈会，就提案选题的主要考虑、重点方向等进行交流协商，共同做好提案提出的统筹工作。

四、审查立案。政协全体会议期间，提案委员会（提案审查委员会）对收到的提案，按照立案标准逐一审查，与提案者沟通，征求提案承办单位意见，协商确定立案提案及提案的主办、会办、分办单位。立案、并案和不予立案而转为“意见和建议”的，均应及时告知提案者，属于撤案的应做好沟通解释工作。在全体会议闭幕会上报告提案审查情况。全体会议闭会期间收到的提案，由提案委员会按标准和程序及时审查立案。

五、提案交办。按照《意见》要求，建立中共中央办公厅、国务院办公厅和全国政协办公厅共同交办提案机制。政协全体会议闭幕后适时召开提案交办会，明确提案承办单位的任务和要求。全体会议闭会期间的提案，由提案委员会及时商有关方面交办。

六、重点提案遴选。政协全体会议闭幕后，各民主党派中央和全国工商联、政协各专门委员会等，从立案的提案中分别推荐重点提案。提案委员会召开由各民主党派和工商联、政协各专门委员会、部分提案承办单位有关负责同志等参加的重点提案选题协商会，协商提出重点提案题目和督办方式（草案），经提案委员会主任会议、全体会议审议，书面征求相关提案承办单位意见后，报主席会议或主席办公会议审定。

七、经办环节。按照《实施意见》要求，提案承办单位把与提案者的沟通协商作为提案办理的必经环节，通过电话联系、座谈调研、登门走访等方式，就提案的主要内容与提案者交换意见。提案主办、会办单位之间应就答复意见进行沟通协商，提案办理复文应体现各方意见。

八、重点提案督办。政协组织的相关视察、调研、提案办理协商会等重点提案督办活动，邀请提案者和提案承办单位代表参加，就提案中的意见和建议深入协商，督办成果以视察报告、调研报告、重要提案摘报、政协信息等形式报送中共中央、国务院及有关方面。提案委员会每年选择部分需要持续推动的重点提案进行跟踪督办；每年第三季度，选择 1～2 件办理已取得初步成效或需要加大推进力度的重点提案，向主席会议或主席办公会议汇报；每年年底，汇总当年重点提案督办情况，向主席会议或主席办公会议汇报。

九、督促检查。全国政协推动提案承办单位按照《实施意见》要求，建立和完善台账制度，把提案办理工作纳入年度督查计划和绩效考核体系。提案委员会每年选择部分提案承办单位，开展以民主监督为主要方式的走访活动；每年选择部分提案，加大沟通督促力度；有序推进提案与办理复文同步公开。

十、采纳反馈。全国政协推动提案承办单位吸收采纳提案办理协商形成的成果。中共中央、国务院领导同志对重点提案督办协商形成的报告、重要提案摘报、政协信息等作出批示的，应推动相关提案承办单位重点办理落实。对提案办理取得的成效，应推动提案承办单位及时向提案者反馈。政协常务委员会向全体会议报告提案工作情况。

十一、组织领导。主席会议或主席办公会议定期研究提案工作，协商督办重点提案；政协领导同志带队视察、调研督办重点提案和走访提案承办单位，出席提案办理协商会。注重推动提案承办单位按照《意见》要求，主要负责同志和分管负责同志切实负起责任，抓好工作落实，确保把提案办理各项任务完成好。全国政协办公厅和各专门委员会负责同志分别领办、督办政协承办的部分提案。提案委员会做好提案者、提案承办单位及政协各部门开展提案办理协商的协调服务工作。

十二、本办法由提案委员会负责解释，自主席会议通过之日起施行。

全国政协加强和改进调研工作实施办法

（2015年4月16日政协第十二届全国委员会第二十八次主席会议通过　2018年10月26日政协第十三届全国委员会第十一次主席会议修订）

为进一步贯彻落实中共中央办公厅有关加强调查研究工作的文件和《中国人民政治协商会议章程》精神，加强和改进全国政协调研工作，推进人民政协履行职能的制度化、规范化、程序化建设，特制定本实施办法。

一、总体要求

1. 围绕团结和民主两大主题，服务统筹推进"五位一体"总体布局和协调推进"四个全面"战略布局。要坚持正确方向，准确把握政协的性质定位；坚持围绕中心、服务大局，把调研作为人民政协履职的基础性工作加以推进；坚持问题导向，增强调研工作的针对性，努力使所提对策建议有的放矢；坚持"身入"更要"心至"，用心座谈走访、细心摸清情况、潜心研究问题、精心提出对策；坚持建言资政和凝聚共识双向发力，既注重建言献策的成果，又注重自我学习、自我教育、自我提高，强化思想政治引领，打牢共同思想政治基础；坚持改进作风，切实贯彻落实中共中央八项规定及其实施细则精神，增强责任心，确保调研活动务实高效；坚持求同存异，尊重各种不同意见，实现发扬民主与增进共识相统一。

二、选题确定

2. 明确选题依据。根据总体要求和全国政协年度协商计划、中共全国政协党组工作要点、全国政协常委会工作报告等，有针对性地选择调研课题。

3. 征求选题意见。调研选题由专门委员会通过适当形式征求委员意见，并邀请相关专家学者参与选题研究论证；对各方面意见建议进行梳理后，由专委会分党组会议、专委会主任会议和全体会议研究提出年度调研选题意见。其中重点选题按照国务院办公厅与全国政协办公厅会商全国政协重点协商议题工作机制，与党政相关部门沟通协商。

4. 搞好选题协调。办公厅每年定期召开调研选题通报协调会，与各专委会、民主党派中央、全国工商联及有关人民团体等相关方面，就年度调研选题进行沟通协调，提出综合平衡意见。需要地方政协协同调研的选题，由选题提出单位与相关地方政协沟通协调。

5. 确定选题计划。选题提出单位根据综合平衡意见，起草各自年度调研计划（包括调研题目、时间、地点等），报经秘书长办公会议、秘书长会议汇总研究，形成全国政协年度调研计划草案，报主席会议（或主席办公会议）审定。主席、副主席可根据工作需要提出调研题目，经办公厅协调后，由相关单位组织实施。

三、组织实施

6. 制定调研方案。调研组织单位根据调研计划，制定详细的调研方案，主要内容包括：调研题目、目的、地点、日程、调研组成员初步人选、调研提纲、调研成果体现方式、新闻报道安排、后勤保障等。

7. 成立调研组织。调研实行组长负责制，组长一般由专委会主任或副主任担任。重要调研活动可邀请联系相关专委会或界别的副主席带队。调研组成员一般在 20 人以内，以本委员会委员为主，适当吸收有关方面人员参加。重要调研活动，调研组设立临时党组织，调研组成员和工作人员中的中共党员参加临时党组织。可以课题为纽带，有关专委会之间配合调研，与民主党派联合调研，与智库合作调研，与地方政协协同调研。有的调研题目，可委托所在地全国政协委员活动召集人牵头，组织住当地的全国政协委员开展调研。

8. 听取情况介绍。在实地调研之前，可根据调研课题需要，安排情况介绍会，邀请相关部委同志介绍情况。要注意加强委员与部委同志的互动交流，尽可能多地掌握调研内容的现实情况，使调研的问题更集中、认识更深入、思路更清晰。

9. 深入实地调研。要放下架子、俯下身子，耐心倾听、虚心请教，既摸清综合情况又了解典型案例，既听干部意见又听群众意见，既了解成绩经验又发现问题不足，对重要数据和材料加以核实，真正把各方面情况摸清吃透。一个调研课题原则上安排一至三个省（区、市）实地调研，深入全面掌握第一手材料，可以采取召开座谈会、实地考察、个别交流等方式进行。座谈会既应邀请地方政府及相关部门介绍情况，也可邀请相关社会组织、企业和群众代表、专家学者参加。实地考察要坚决反对形式主义，防止做样子、走过场，要点面结合，注重从不同侧面总结经验、发现问题、提出建议。可采取整体调研与分组调研相结合的方式，组织“小而精”的调研小组，开展定向定点调研，深入基层“解剖麻雀”。个别交流要选择情况熟、有见解的同志参加，以便集中、深入地探讨问题。

10. 组织讨论研究。实地调研后期或结束后，应及时安排调研组内部研讨会，总结交流调研体会，探讨相关问题，研究确定调研成果构架和核心内容。要鼓励调研组所有成员充分发表意见，特别要重视委员不同意见的讨论，以集思广益、扩大共识。要运用辩证唯物主义和历史唯物主义方法，坚持定性和定量结合、宏观和微观结合、静态和动态结合，对调查材料进行去粗取精、去伪存真、由此及彼、由表及里的思考、分析、综合，透过现象看本质。

四、成果转化

11. 提高成果质量。根据调研情况和调研组成员意见及时撰写调研报告、政协信息等，调研组组长负总责，参加调研的委员要亲自撰写调研报告，一般应在调研结束后两周内完成。调研成果要尊重调研实际情况，实事求是分析和归纳问题，提出针对性、操作性强的对策建议。要文风朴实，言简意赅，观点鲜明，言之有物。

12. 丰富建言形式。把调研与政协履行职能的多种方式结合起来，加强调研资料的整合与共享，综合运用调研报告、提案、会议发言、政协信息等形式建言献策。可推荐委员代表调研组在政协全体会议、专题议政性常委会议、专题协商会议、双周协商座谈会上发言。

13. 规范报送程序。调研报告、政协信息等调研成果经调研组会议讨论后，按程序报批。重大课题的调研报告可视情报请主席办公会议研究。

14. 促进成果转化。强化重大调研成果的跟踪、反馈和评估，促进调研成果转化运用。及时跟踪党和国家领导同志对调研成果的批示情况，收集部委对委员所提意见、建议的吸收采纳情况，并将有关情况及时反馈给调研组成员。

15. 加大宣传力度。发挥新闻媒体的作用，探索利用网络等新媒体，加强对调研成果的宣传报道，以扩大影响力。重要调研活动邀请媒体记者随团进行报道。

本办法适用于全国政协办公厅、各专门委员会以及相关工作机构。

政协全国委员会提案委员会
关于年度好提案评选办法（试行）

（2019 年 12 月 18 日政协第十三届全国委员会提案委员会第十六次主任会议暨第八次全体会议通过）

第一条

为强化提案工作质量导向，推动提升提案质量，根据《提案工作条例》和全国政协办公厅《政协全国委员会提案委员会关于提高提案质量的意见》（政全厅发〔2018〕59 号），提案委员会组织年度好提案评选工作。

第二条　评选范围和比例

年度好提案从政协全体会议期间和闭会期间的提案中评选，总量为提案总数的 1%左右。其中，各民主党派、各人民团体、政协各专门委员会、政协全体会议期间各界别、委员小组的年度好提案数量，原则上不少于年度好提案总数的 20%。

第三条　评选条件

（一）选题准确，围绕国家经济社会发展中的重要问题、人民群众普遍关心的问题以及爱国统一战线的其他重要问题建言献策。

（二）针对性强，反映情况真实，分析问题深入，提出建议具体，具备严肃性、科学性、可行性。

（三）成效显著，或对宏观决策、长远规划有重要参考价值，对改进工作有明显作用。

第四条　评选程序

（一）征集

政协全国委员会提案委员会向有关提案承办单位征集年度好提案。

（二）初评

政协全国委员会提案委员会办公室综合评选比例、推荐情况、提案质量和办理成效、提案者及覆盖面、提案质量评价和入选重点提案情况等因素，提出年度好提案初步名单。

（三）审议

政协全国委员会提案委员会全体会议审议通过年度好提案评选结果和决定后，按程序报批。

（四）公布

年度好提案评选结果和决定通过政协的报刊、网站等媒体公布。

第五条

本办法由政协全国委员会提案委员会全体会议审议通过后实行。

中国人民政治协商会议
全国委员会双周协商座谈会工作规则

（2017 年 5 月 18 日政协第十二届全国委员会第五十九次主席会议通过）

第一条 为发挥人民政协作为协商民主重要渠道和专门协商机构作用，切实履行政治协商、民主监督、参政议政职能，推进双周协商座谈会工作制度化、规范化、程序化建设，依据中国人民政治协商会议章程和有关文件精神，制定本规则。

第二条 双周协商座谈会是政协全国委员会继承“双周座谈会”历史传统，创新发展形成的以界别为基础、以专题为内容、以对口为纽带、以座谈为方法，约两周召开一次为期半天的会议形式；是委员与中央和国家机关定期座谈交流的协商平台，是委员建言献策、增进共识的履职途径。

第三条 双周协商座谈会围绕经济社会发展和涉及群众切身利益的突出问题，选择内容具体、针对性强的议题深入调研，广泛讨论，反映情况，提出建议，协助党和政府解决问题、改进工作。

第四条 双周协商座谈会坚持协商于决策之前和决策实施之中，对重大方针政策和重要决策部署贯彻落实情况进行民主监督；坚持平等协商、求同存异，尊重不同意见表达；坚持合法依章、规范有序，提高协商质量和效率。

第五条 双周协商座谈会议题由办公厅向全体委员、各专门委员会、各省（自治区、直辖市）委员会等征集，征求中共中央和国务院有关部门、各民主党派中央和全国工商联意见，与国务院办公厅会商安排建议；主席会议审议年度双周协商座谈会安排，确定议题、时间及承办单位。重点议题纳入年度协商计划，报中共中央审定。

第六条 双周协商座谈会由相关专门委员会承办，部分议题邀请民主党派中央和全国工商联共同承办。办公厅负责会议组织协调工作。

第七条 双周协商座谈会前，承办单位围绕议题组织相关委员深入开展调查研究，全面了解情况、认真分析问题、提出对策建议，确保议政建言质量。

第八条 在调研工作基础上，承办单位提出双周协商座谈会方案，按程序报请主席审定。办公厅于会前一周召开协调会，落实方案各项组织服务工作。

第九条 双周协商座谈会请主席、有关副主席和委员参加，视情邀请相关专家学者参加；邀请与议题相关的中央和国家机关部门负责人到会介绍情况、互动交流。参会委员以民主党派成员和无党派人士为主，一般 20 人左右。委员也可根据议题报名参加或提交意见建议。

第十条 双周协商座谈会议题所涉及法律法规、政策措施等背景材料，中央和国家机关有关部门提供的书面材料，委员或专家学者预约发言材料，由承办单位收集整理，会前送主持人和有关领导参阅。根据需要，有关材料印发会议。

第十一条 双周协商座谈会由主席主持。一般先请 1 位部门负责人简要介绍情况；请5位委员、专家学者作预约发言，其他自由发言；与会部门负责人针对发言中涉及的相关问题作互动发言；出席会议副主席视情发言。会议主持人作归纳性总结讲话。

第十二条 组织好双周协商座谈会新闻报道，可根据议题需要采取网络录播等多种报道方式。

第十三条 双周协商座谈会上提出的意见建议，通过政协信息等方式报送中共中央、国务院有关领导及相关部门。办公厅和承办单位及时跟踪了解领导同志对会议意见建议作出批示和相关部门反馈采纳落实情况。

第十四条 双周协商座谈会方案、会议记录、反馈意见等，留存档案，汇编材料。

第十五条 本工作规则经政协全国委员会主席会议通过后实行。

中国人民政治协商会议全国委员会全体会议工作规则

（2005年2月28日政协第十届全国委员会常务委员会第八次会议通过　2018年8月22日政协第十三届全国委员会常务委员会第三次会议修订）

第一章　总　　则

第一条　为进一步推进中国人民政治协商会议全国委员会全体会议（以下简称全体会议）的制度化、规范化和程序化建设，根据《中国人民政治协商会议章程》，制定本规则。

第二条　全体会议是中国人民政治协商会议全国委员会（以下简称全国委员会）围绕团结和民主两大主题，履行政治协商、民主监督、参政议政职能的最高形式。

第三条　全体会议以马克思列宁主义、毛泽东思想、邓小平理论、“三个代表”重要思想、科学发展观、习近平新时代中国特色社会主义思想为指导，坚持社会主义初级阶段的基本路线，在热爱中华人民共和国、拥护中国共产党的领导、拥护社会主义事业、共同致力于实现中华民族伟大复兴中国梦的政治基础上，根据中国共产党同各民主党派和无党派人士长期共存、互相监督、肝胆相照、荣辱与共的方针，充分体现和发挥中国特色社会主义新型政党制度的特色和优势，促进参加中国人民政治协商会议的各党派、无党派人士的团结合作，促进中华民族的大团结大联合，促进社会主义物质文明、政治文明、精神文明、社会文明、生态文明的协调发展，为巩固和发展爱国统一战线，发展社会主义民主政治，实现我国各族人民的根本任务而奋斗。

第四条 全体会议坚持民主、求实、团结、奋进的方针，广开言路，求同存异，民主协商，集思广益，鼓励委员充分发表意见和建议。

第五条 每届全国委员会的参加单位、委员名额和人选及界别设置，须在每届第一次会议举行一个月前，经上届全国委员会主席会议审议同意后，由常务委员会协商决定。

每届全国委员会任期内，有必要变更参加单位、委员名额和人选时，经本届主席会议审议同意后，由常务委员会协商决定。

第六条 每届全国委员会第一次会议举行前召开预备会议，全体委员参加。全国委员会每届任期五年，从该届全国委员会第一次会议预备会议开始。如遇非常情况，由常务委员会以全体组成人员的三分之二以上的多数通过，可延长任期。

第七条 全体会议每年举行一次。常务委员会认为必要时，可临时召集全体会议。

第八条 全体会议须有三分之二以上的委员出席，方可举行。

第九条 全体会议的主要任务：

（一）修改中国人民政治协商会议章程，监督章程的实施；

（二）选举全国委员会的主席、副主席、秘书长和常务委员，决定常务委员会组成人员的变更；

（三）协商讨论国家的大政方针以及经济建设、政治建设、文化建设、社会建设、生态文明建设中的重要问题，凝聚共识，提出建议和批评；

（四）听取和审议常务委员会工作报告、提案工作情况的报告和其他报告；

（五）讨论本会重大工作方针、任务并作出决议。

第十条 全体会议由常务委员会召集并主持。每届全国委员会第一次会议由预备会议选举产生的主席团主持。

第二章 会议的准备

第十一条 根据主席会议的提议，常务委员会为全体会议进行下列准备工作：

（一）审议通过全体会议议程草案和日程；

（二）通过常务委员会工作报告、提案工作情况的报告和其他报告；

（三）审议常务委员会组成人员变更的建议名单；

（四）通过全体会议秘书长和副秘书长名单；

（五）审议提请全体会议审议的建议案草案；

（六）会议的其他准备事项。

第十二条 在全体会议举行一个月之前，主席会议提出全体会议的议程草案和日程草案的建议。

第十三条 预备会议由上届常务委员会授权主席会议主持，主要任务为通过本届全国委员会第一次会议的议程和日程，通过本次会议主席团、主席团会议主持人、秘书长和提案审查委员会名单。

主席团会议由主席团会议主持人主持，主要任务是通过主席团常务主席名单，审议提请全体会议通过的决议，决定全体会议的其他事项。

主席团常务主席会议由主席团会议主持人主持，主要任务是审议提请主席团会议审议的各项文件。

主席团和主席团会议主持人、主席团常务主席、秘书长工作至会议选举产生本届全国委员会主席、副主席、秘书长、常务委员为止，提案审查委员会工作至本次会议结束为止。

第十四条 全体会议设立会议秘书处，秘书处由秘书长和副秘书长组成，办理常务委员会或主席团、主席会议或主席团常务主席会议交付的事项和处理会议日常事务。

第三章 会议的举行

第十五条 全体会议采取大会和小组会、联组会等形式进行。

第十六条 全体会议开幕会的任务：

（一）通过会议的议程；

（二）听取全国委员会常务委员会工作报告；

（三）听取全国委员会常务委员会提案工作情况的报告；

（四）听取其他报告或说明。

第十七条 全体会议闭幕会的任务：

（一）通过会议的各项决议和报告；

（二）决定常务委员会组成人员的变更；

（三）通过全国委员会的建议案；

（四）其他事项。

第十八条 全体会议听取并讨论政府工作报告及其他报告，凝聚共识，提出意见和建议。

第十九条 全体会议安排大会发言。各党派、团体、界别、专门委员会、委员个人或联名均可提交书面发言材料，申请大会发言。大会发言人选由会议秘书处按照有关规定确定。

第二十条 全体会议各次大会的执行主席、主持人由主席会议协商决定。每届全国委员会第一次会议的执行主席、主持人由主席团会议协商决定。

第二十一条 委员小组按界别组织。小组会由本组委员推举的委员小组组长主持，在委员小组组长产生之前由委员小组召集人主持。

第二十二条 联组会可由同一界别的委员小组合并而成，也可由不同界别的委员小组联合而成。联组会的主持人由参加联组会的各委员小组推举产生。

第二十三条 全体会议邀请中共中央、全国人大常委会、国务院、中央军委和国家监察委员会、最高人民法院、最高人民检察院领导同志出席，邀请中共中央有关部门、中央国家机关有关部门和有关人民团体负责同志列席。也可根据情况邀请海外侨胞等其他人士列席。

第二十四条 全体会议可邀请有关方面人士旁听，也可邀请各国驻华使节和新闻官旁听。

第二十五条 全体会议举办新闻发布会、记者会。设新闻发言人。

全体会议开幕会、闭幕会以及大会发言，均邀请中外记者采访；分组会议可视情况邀请记者采访。

第二十六条 委员应按照会议日程积极参加全体会议的各次会议和各项活动，因病或其他特殊情况不能出席会议和参加活动时，须请假并经批准。

第四章 会议的提案和建议案

第二十七条 各党派、团体、界别、专门委员会和委员、委员小组或联组均可提交提案。

提案审查工作由提案委员会或提案审查委员会负责。

第二十八条 全体会议可就涉及经济和社会发展的重大事项、人民群众普遍关心的热点问题，向中共中央、全国人大常委会、国务院提出建议案。

第二十九条 全体会议期间，参加政协的党派、团体或占总数四分之一以上的委员联名，可提出建议案草案。建议案草案经主席会议审议通过后，由常务委员会决定是否提请全体会议审议。

第五章 选举和表决

第三十条 每届全国委员会第一次会议选举产生本届全国委员会主席、副主席、秘书长和常务委员，组成常务委员会。常务委员会组成人员从本届委员中选举产生。选举工作由会议主席团领导。

第三十一条 主席、副主席、秘书长和常务委员的建议人选名单草案由主席团审议通过后，形成候选人名单草案，提交各委员小组充分酝酿讨论。主席团根据委员的意见，确定正式候选人名单，提交大会选举。

第三十二条 全体会议选举采用无记名投票方式。选举时须有三分之二以上的委员出席。候选人得到的赞成票超过全体委员的半数方可当选。

第三十三条 每届全国委员会第一次会议的选举办法，由主席团会议审议决定。本届其他各次会议的选举参照第一次会议的选举办法执行。

第三十四条 全体会议的决议和建议案，应经全体委员过半数通过。

第六章 附 则

第三十五条 本规则经常务委员会会议通过后实行，其解释权和修改权属常务委员会。

中国人民政治协商会议
全国委员会委员履职工作规则

（2016 年 2 月 29 日政协第十二届全国委员会常务委员会第十四次会议通过，2018 年 8 月 22 日政协第十三届全国委员会常务委员会第三次会议修订）

第一章　总　　则

第一条　为加强和规范政协全国委员会委员履职工作，根据《中国人民政治协商会议章程》及有关规定，制定本规则。

第二条　政协委员是政协工作的主体，在履职中应当认真行使权利，积极履行义务。

第三条　政协委员履职工作，要以马克思列宁主义、毛泽东思想、邓小平理论、“三个代表”重要思想、科学发展观、习近平新时代中国特色社会主义思想为指导，围绕统筹推进“五位一体”总体布局、协调推进“四个全面”战略布局，牢固树立“四个意识”，坚定“四个自信”，维护和发展安定团结的政治局面，不断促进社会主义物质文明、政治文明、精神文明、社会文明、生态文明的协调发展，为实现“两个一百年”奋斗目标、实现中华民族伟大复兴的中国梦而奋斗。

第四条　政协委员履职应当遵循以下原则：

（一）高举爱国主义、社会主义旗帜，热爱中华人民共和国，拥护中国共产党的领导，拥护社会主义事业，拥护祖国统一，坚持和巩固共同思想政治基础，坚持团结和民主两大主题，为推进中国特色社会主义事业发挥作用；

（二）遵守宪法、法律，遵守政协章程，遵守政协全体会议、常务委员会会议等决议或决定，依法依规行使表决权、选举权、批评和建议权等权利；

（三）围绕中心、服务大局，认真履行政治协商、民主监督、参政议政职能；

（四）履职为民，深入调查研究，密切联系群众，宣传国家方针政策，反映群众意愿诉求，接受群众监督；

（五）增强委员责任意识，坚持真理，勇于担当，积极建言，理性务实，廉洁自律，不断提高履职能力，做到懂政协、会协商、善议政，守纪律、讲规矩、重品行。

第五条 在政协全国委员会领导下，办公厅负责委员履职服务管理的具体工作。

第二章 履职内容

第六条 政治协商。主要内容是国家大政方针以及经济建设、政治建设、文化建设、社会建设、生态文明建设中的重要问题。

第七条 民主监督。主要内容是国家宪法、法律和法规的实施，重大方针政策、重大改革举措、重要决策部署的贯彻执行情况，涉及人民群众切身利益的实际问题解决落实情况，国家机关及其工作人员的工作等。

第八条 参政议政。主要内容是政治、经济、文化、社会生活和生态环境等方面的重要问题以及人民群众普遍关心的问题。

第三章　履职方式

第九条　参加政协会议。出席政协全体会议，根据工作需要参加常务委员会会议、专题协商会、双周协商座谈会及政协组织的其他有关会议。

常务委员会组成人员还应出席常务委员会会议，专门委员会组成人员还应参加专门委员会会议。

第十条　提交提案。以个人名义或委员联名方式提出提案，政协全体会议期间，可参加以界别、小组或联组名义提出集体提案。参加提案办理协商活动。

第十一条　参加政协组织的视察、考察和调查研究。

第十二条　通过政协组织反映社情民意信息。

第十三条　大会发言。包括在政协全体会议或常务委员会会议期间的口头发言和书面发言。

第十四条　开展团结联谊。发挥自身优势，加强与群众的联系，做好解疑释惑、增进团结、凝聚人心工作。

参加祖国统一、海外联谊和对外交往的有关活动。

港澳地区的委员还应当为香港特别行政区、澳门特别行政区的长期繁荣稳定和内地的发展发挥双重积极作用。

第十五条　参加政协理论研究、新闻宣传、文史资料工作以及其他履职活动。

第四章　履职保障

第十六条　维护委员履职权利。政协组织应当充分尊重和保障委员依照政协章程履行职责的权利，营造畅所欲言、各抒己见、理性有序、合法依章的良好履职氛围。

第十七条　健全履职制度。推进政治协商、民主监督、参政议政制度化、规范化、程序化，建立健全委员履职各项工作制度，明确履职要求、程序规范、成果运用、保障措施和协调机制等，着力构建结构合理、层次清晰、科学规范的履职制度体系。

第十八条　完善履职平台。精心组织各项会议和活动，加强提案、视察和考察、调研、反映社情民意信息、大会发言等经常性工作。更加灵活、更为经常开展专题协商、对口协商、界别协商、提案办理协商。探索运用网络议政、远程协商等手段，丰富履职方法。就政协有关工作充分征求委员意见。加强政协协商与党政工作的有效衔接，拓宽和畅通委员履职渠道。

第十九条　提供履职服务保障。广泛征求选题意见，注重选题协调，扩大委员参与面，提高履职成效。政协全体会议、常务委员会会议和重大活动安排等应当提前告知委员。协商活动前应当向委员提供相关文件资料，并根据需要邀请中共中央、国务院领导或有关部门负责同志通报情况，保障委员知情权。如实反映委员意见建议，改进履职成果报送工作。有关事项应当及时告知相关委员，完善履职成果反馈机制。加强委员履职宣传工作。做好委员参加政协会议和活动的沟通协调、经费保障等服务工作。

第二十条 加强委员联络工作。建立健全与委员联络的工作机构，定期研究委员履职工作。完善委员联络制度，建立覆盖全体委员的联系网络。完善全国政协副主席联系界别制度、专门委员会联系相应界别制度，完善省级政协主席为所在地全国政协委员活动召集人制度。全国政协领导考察调研，可视情与当地全国政协委员座谈。全国政协定期向京外委员和港澳地区委员通报工作情况。加强与委员所在单位的沟通联系。

第二十一条 加强委员履职能力建设。完善学习制度，推动委员自觉学习马克思列宁主义、毛泽东思想、邓小平理论、“三个代表”重要思想、科学发展观、习近平新时代中国特色社会主义思想，加强委员对宪法法律、统一战线和人民政协理论、形势政策及履职知识等的学习。引导委员增进政治共识，提高政治把握能力；坚持问题导向、深入实际，提高调查研究能力；创新群众工作方法，提高联系群众能力；贯彻民主协商、平等议事原则，提高合作共事能力。

第五章　履 职 管 理

第二十二条 建立委员履职档案。实行委员履职情况统计和常务委员提交年度履职报告制度，定期汇总分析，采取适当方式将委员履职情况通报有关方面，并作为换届时是否继续提名的重要依据。

第二十三条 规范委员履职行为。建立委员履职利益冲突回避机制。加强思想引导，防止利用委员身份或影响牟取个人、小团体和特定关系人的利益。引导委员主动配合政协履职服务管理工作，认真负责地反馈相关工作安排的意见和征询事项。

第二十四条 严格会议和活动请假制度。委员因故不能参加政协全体会议或常务委员会会议，应当以书面形式请假并经批准。受邀但不能参加政协其他会议和活动的，也应当按规定请假。委员出席会议和参加活动情况，书面通知本人并在一定范围通报。

第二十五条 严肃会风会纪。严格落实中共中央八项规定精神，厉行勤俭节约，杜绝不正之风，确保风清气正。

第二十六条 对不履行职责的委员，应及时了解情况，必要的予以提醒或做相应处理。对严重违反政协章程或全体会议和常务委员会会议决议或决定的委员，应当依据情节给予警告或撤销委员资格处分。委员对处理决定不服，可以申请复议。复议决定由主席会议作出。

第六章 附 则

第二十七条 政协各级地方委员会可结合实际参照执行。

第二十八条 本规则经常务委员会会议通过后实行，其解释权和修改权属常务委员会。

中国人民政治协商会议全国委员会常务委员会工作规则

（1988年6月9日政协第七届全国委员会常务委员会第二次会议通过　1996年6月14日政协第八届全国委员会常务委员会第十七次会议修订　2005年2月28日政协第十届全国委员会常务委员会第八次会议修订　2018年8月22日政协第十三届全国委员会常务委员会第三次会议修订）

第一章　总　　则

第一条　为进一步推进中国人民政治协商会议全国委员会常务委员会（以下简称常务委员会）工作的制度化、规范化和程序化建设，根据《中国人民政治协商会议章程》，制定本规则。

第二条　常务委员会以中华人民共和国宪法为根本准则，以中国人民政治协商会议章程为依据，在马克思列宁主义、毛泽东思想、邓小平理论、“三个代表”重要思想、科学发展观、习近平新时代中国特色社会主义思想指引下，高举爱国主义和社会主义的旗帜，坚持中国共产党领导的多党合作和政治协商制度，贯彻长期共存、互相监督、肝胆相照、荣辱与共的方针，促进参加中国人民政治协商会议的各党派团体、各族各界人士的团结合作，进一步巩固和发展爱国统一战线，促进中华民族的大团结大联合，围绕团结和民主两大主题，积极履行政治协商、民主监督、参政议政职能，为推进现代化建设、完成祖国统一、维护世界和平与促进共同发展，为实现“两个一百年”奋斗目标、实现中华民族伟大复兴的中国梦而奋斗。

第三条 常务委员会主持中国人民政治协商会议全国委员会（以下简称全国委员会）的会务，在全国委员会全体会议闭会期间，处理全国委员会的工作。

第四条 常务委员会由全国委员会主席、副主席、秘书长和常务委员组成。

第五条 全国委员会主席主持常务委员会的工作，副主席、秘书长协助主席工作。

第六条 常务委员会的职权：

（一）解释中国人民政治协商会议章程，监督章程的实施；

（二）召集并主持全国委员会全体会议；每届第一次全体会议前召开全体委员参加的预备会议，选举第一次全体会议主席团，由主席团主持第一次会议；

（三）组织实现中国人民政治协商会议章程规定的任务；

（四）执行全国委员会全体会议的决议；

（五）全国委员会全体会议闭会期间，审查通过提交中共中央、全国人大常委会、国务院的重要建议案；

（六）协商决定下届全国委员会的参加单位、委员名额和委员人选及界别设置。协商决定本届全国委员会变更的参加单位、委员名额和人选；

（七）常务委员会组成人员变更时，常务委员会提出建议名单，由全国委员会全体会议决定；

（八）根据秘书长的提议，任免全国委员会副秘书长；

（九）决定全国委员会工作机构的设置和变动，并任免其领导成员；

（十）根据中国人民政治协商会议章程决定对参加政协的单位和个人的纪律处分事项；

（十一）根据需要，授权主席会议行使常务委员会的部分职权；

（十二）在非常情况下决定全国委员会是否延长任期。由常务委员会以全体组成人员的三分之二以上多数通过，得延长任期。

第七条 常务委员会组成人员要认真执行中国人民政治协商会议章程和全国委员会及常务委员会的规定、决议，积极参加常务委员会的活动，加强同各方面人士的联系，广交朋友，及时反映群众的意见和要求。

常务委员应按有关规定提交年度履职报告。

第二章 常务委员会会议

第八条 常务委员会会议一般每季度举行一次；必要时可临时举行。

常务委员会每年至少举行两次专题议政性会议。

第九条 常务委员会会议的议程草案和日程由主席会议拟定，于会前半个月将会议的有关事项通知常务委员会组成人员；临时举行的会议，可以临时通知。

第十条 常务委员会会议由全国委员会主席主持，也可由主席委托的副主席主持。

第十一条 常务委员会会议的主要任务：

（一）组织学习马克思列宁主义、毛泽东思想、邓小平理论、“三个代表”重要思想、科学发展观、习近平新时代中国特色社会主义思想，学习中华人民共和国宪法，学习中国人民政治协商会议章程，学习时事政治，学习交流业务知识等；

（二）审议全国委员会及常务委员会会务和主席会议工作情况的报告；

（三）协商讨论中共中央和国家重大方针政策及社会生活中的重大问题，听取中共中央、国务院以及有关部门的负责人对有关重要问题的报告或说明，凝聚共识，提出建议和意见；

（四）审议提交全国委员会全体会议的文件；

（五）审议重要的建议案、提案、视察报告、调查报告、出访报告和其他报告。

第十二条 常务委员会举行会议时，不是常务委员的政协全国委员会副秘书长、各专门委员会副主任，办公厅研究室主任及各局级单位负责人列席。

第十三条 常务委员会举行会议时，视会议内容和需要，可邀请有关的全国政协委员，各省、自治区、直辖市和副省级市政协负责人列席；必要时，邀请有关党政部门负责人和其他有代表性的人士参加。

第十四条 常务委员会会议必须有全体组成人员的三分之二多数出席方能举行；会议要发扬社会主义民主，对议题进行充分协商讨论，全面反映委员发表的各种意见和建议；会议的议案或其他需要表决的事项，须经常务委员会全体组成人员过半数通过方能生效。

第十五条 常务委员会会议采取全体会议和分组会议相结合的方式。根据会议议题，可按界别编组，也可混合编组。

第十六条 在常务委员会全体会议上，根据需要可安排发言。各党派、团体、专门委员会、委员个人或联名均可提交发言材料，申请发言，由会议统筹安排。

第十七条 常务委员会组成人员因病或其他特殊原因不能出席会议时，须请假并经批准。会议出席情况以适当形式通报。

第十八条 根据需要，可举行专题座谈会，就某项专门问题进行协商座谈，提出建议和意见。专题座谈会邀请有关常务委员和其他有关人员参加。

第十九条 常务委员会会议闭会期间，由主席、副主席、秘书长组成的主席会议主持常务委员会的日常工作。

第三章 常务委员会文件

第二十条 常务委员会作出的决定，提出的建议、意见和批评，须经主席或主席委托的副主席、秘书长签发，以全国委员会文件或办公厅文件的形式送达有关方面或部门。

第二十一条 常务委员会会议、常务委员专题座谈会，一般应作新闻报道，并由办公厅编发会议简报或会议纪要。

第四章 附 则

第二十二条 本规则经常务委员会会议通过后实行，其解释权和修改权属常务委员会。

中国人民政治协商会议
全国委员会主席会议工作规则

（2003 年 4 月 25 日政协第十届全国委员会第四次主席会议通过　2005 年 1 月 17 日政协第十届全国委员会第十八次主席会议修订　2013 年 9 月 18 日政协第十二届全国委员会第六次主席会议修订　2018 年 9 月 25 日政协第十三届全国委员会第十次主席会议修订）

第一条　为进一步推进中国人民政治协商会议全国委员会主席会议（以下简称主席会议）工作的制度化、规范化和程序化建设，根据《中华人民共和国宪法》和《中国人民政治协商会议章程》、《中国人民政治协商会议全国委员会全体会议工作规则》、《中国人民政治协商会议全国委员会常务委员会工作规则》，制定本规则。

第二条　中国人民政治协商会议全国委员会主席、副主席、秘书长组成主席会议，负责处理常务委员会的日常工作。主席主持主席会议的工作，副主席、秘书长协助主席工作。

第三条　主席会议以马克思列宁主义、毛泽东思想、邓小平理论、“三个代表”重要思想、科学发展观、习近平新时代中国特色社会主义思想为指导，高举爱国主义、社会主义旗帜，坚持和完善中国共产党领导的多党合作和政治协商制度，围绕团结和民主两大主题，认真履行政治协商、民主监督、参政议政职能，充分发挥人民政协作为协商民主的重要渠道和专门协商机构作用，巩固和发展最广泛的爱国统一战线，调动一切积极因素，为全面推进经济建设、政治建设、文化建设、社会建设、生态文明建设，为坚持和发展中国特色社会主义，完成祖国统一大业，实现中华民族伟大复兴的中国梦而奋斗。

第四条 主席会议组成人员要认真执行中国人民政治协商会议章程和全国委员会、常务委员会、主席会议的规定、决议、决定，切实履行职责，积极参加会议和活动、参加调查研究和视察考察、联系政协界别和委员，广交朋友，及时反映人民群众的意见和愿望。

第五条 主席会议的主要任务：

（一）学习新时代中国特色社会主义思想和基本方略，学习《中华人民共和国宪法》，学习《中国人民政治协商会议章程》和人民政协理论，学习经济社会发展等有关知识；研究部署学习工作，组织主席会议集体学习。

（二）审议本届全国委员会变更参加单位、委员名额和人选，提请常务委员会协商决定；审议下一届全国委员会的参加单位、委员名额和人选及界别设置，提请常务委员会协商决定；审议本届副秘书长人选、专门委员会设置和主任副主任人选，提请常务委员会决定；审议决定本届各专门委员会委员人选。

（三）审议年度协商计划草案，安排政治协商活动。

（四）对中共中央和国家的重大方针政策以及社会生活中的重大问题进行讨论，凝聚共识，提出建议、意见或建议案。

（五）审议以全国委员会或常务委员会名义向中共中央、全国人大常委会、国务院提出的重要建议案。

（六）召集并主持常务委员会会议，拟定会议议程草案和日程，审议提交会议审议的文件。

（七）受常务委员会委托，主持下一届全国委员会第一次会议预备会议。

（八）审议全国委员会及其常务委员会的工作计划、工作报告和重要活动方案；审议提案工作情况的报告；审议专门委员会工作计划、工作总结和重要调研报告；审议全国委员会对外交往工作计划、出访报告和工作总结；审议委员视察考察报告、工作总结和办公厅工作总结。

（九）执行常务委员会会议决议；根据常务委员会授权，履行常务委员会的部分职权；向常务委员会报告工作。

（十）研究涉及人民政协全局性的工作方针，对全国委员会及全体会议、常务委员会的制度化、规范化、程序化建设提出建议，指导地方政协的工作。

（十一）协调政协各参加单位之间的关系，促进团结合作。

（十二）听取政协全国委员会办公厅和专门委员会工作情况报告和重大事项报告，讨论和决定重要事项。

（十三）处理常务委员会其他重要日常工作。

第六条　主席会议由主席或主席委托的副主席召集并主持。

第七条　主席会议议题由主席或副主席、秘书长提出，由主席或主席委托主持会议的副主席确定。主席会议集体学习列入主席会议议题。

第八条 主席会议一般每月召开一次；必要时可临时召开。主席会议集体学习一般每季度安排一次，必要时可视情增加。

第九条 主席会议召开时间、地点、主要议题等事项和提交会议审议的重要文件，办公厅应提前通知并送达主席会议组成人员；临时召开的会议临时通知。

第十条 主席会议召开时，政协全国委员会副秘书长、机关党组成员，各专门委员会主任和驻会副主任列席；必要时也可邀请与会议议题有关的其他人员列席；协商讨论重大问题时，可邀请有关部门负责人到会介绍情况、听取意见。

第十一条 主席会议须在全体组成人员过半数出席时方能召开。

第十二条 主席会议组成人员不能出席主席会议的，应当向主席或主席委托主持会议的副主席请假。

第十三条 主席会议协商讨论问题，要充分发扬民主。讨论决定问题，必须坚持少数服从多数的原则；对于少数人的不同意见，应当充分尊重，深入沟通。如对重要问题不能形成一致意见，除紧急情况外，应当暂缓做出决定，待进一步调查研究、交换意见、统一认识后再做决定。

第十四条 主席会议决定问题时，一般以分项审议方式通过，必要时也可以合并审议通过。

第十五条 对于提请主席会议审议的文件，由有关部门负责人在主席会议上作出说明。书面审议的文件，可不作说明。

第十六条 主席会议审议通过即发生效力的文件，由主席或主席委托的副主席签发，以政协全国委员会文件或办公厅文件的形式送达有关方面或部门；主席会议审议通过后，需提请常务委员会会议审议通过的文件，在常务委员会会议上，由主席或主席委托的副主席、秘书长及有关部门负责人作出说明。

第十七条 召开主席会议，经主席或主席委托的副主席、秘书长同意，可发布新闻。

第十八条 根据工作需要，召开主席办公会议，研究落实主席会议的具体工作任务。主席办公会议由主席或主席委托的副主席召集并主持，有关副主席、秘书长参加，办公厅、专门委员会有关负责人列席。会议的议题由主席或主席委托主持会议的副主席确定。

主席办公会议的主要任务是：传达、学习有关文件，研究落实全国政协重点工作，研究提出全年政治协商工作计划草案，研究重要调查研究、视察考察计划和报告，研究重点提案工作等。

第十九条 主席会议和主席办公会议作会议记录并编发会议纪要。会议纪要由主席或主席委托的主席会议其他成员签发。

第二十条 本规则经主席会议通过后实行。

中国人民政治协商会议
全国委员会秘书长会议工作规则

（1988年5月3日政协第七届全国委员会第四次主席会议通过　2005年1月17日政协第十届全国委员会第十八次主席会议修订　2018年9月25日政协第十三届全国委员会第十次主席会议修订）

第一条　为进一步推进中国人民政治协商会议全国委员会秘书长会议工作的制度化、规范化和程序化建设，根据《中国人民政治协商会议章程》和有关规定，制定本规则。

第二条　政协全国委员会设秘书长一人，设副秘书长若干人，协助秘书长工作。秘书长、副秘书长组成秘书长会议，在主席会议领导下进行工作。秘书长主持秘书长会议工作，副秘书长协助秘书长工作。

秘书长由全国委员会全体会议选举产生。副秘书长的任免，根据秘书长提议，由政协全国委员会常务委员会决定。

第三条　全国委员会秘书长参加常务委员会和主席会议集体领导，协调各专门委员会并领导办公厅工作。

第四条　秘书长会议以中国人民政治协商会议章程为依据，以马克思列宁主义、毛泽东思想、邓小平理论、“三个代表”重要思想、科学发展观、习近平新时代中国特色社会主义思想为指导，高举爱国主义、社会主义旗帜，坚持中国共产党领导的多党合作和政治协商制度，贯彻长期共存、互相监督、肝胆相照、荣辱与共的方针，为人民政协履行政治协商、民主监督、参政议政职能做好服务。

第五条 秘书长会议的主要任务：

（一）学习新时代中国特色社会主义思想和基本方略，学习《中华人民共和国宪法》，学习《中国人民政治协商会议章程》和人民政协理论，学习经济社会发展等有关知识；研究部署学习工作，组织秘书长会议集体学习。

（二）对参加政协的各党派、无党派人士、各人民团体共同关心的问题进行协商讨论，向主席会议、常务委员会提出意见和建议。

（三）协助主席、副主席组织实施全体会议、常务委员会会议、主席会议的决定和决议，听取有关工作情况报告。

（四）负责全体会议、常务委员会会议、主席会议、常务委员专题座谈会和根据需要召开的各党派、无党派人士、人民团体、各族各界人士的代表参加的协商座谈会等重要会议活动的准备和服务工作。

（五）审议提交主席会议的各项文件及以政协全国委员会办公厅名义发出的重要文件。

（六）协商讨论政协全国委员会、各民主党派中央和全国工商联机关共同事务和重要活动安排。

（七）调查研究地方各级政协的工作情况，就加强和改进人民政协工作，向主席会议和常务委员会提出建议。

（八）加强同中央国家机关、各党派团体、地方政协的联系与协作。

（九）负责政协机关思想、组织、制度和作风建设，为政协全国委员会主席、副主席、常务委员和委员履行职责服务。

（十）向主席会议提出专门委员会委员人选建议。

（十一）完成主席、副主席交办的其他事项。

第六条　秘书长会议一般每月举行一次，如有需要可临时召集。会议日期、议题由秘书长决定。秘书长会议集体学习和听取有关工作情况报告列入秘书长会议议题。会议由秘书长或秘书长委托的副秘书长召集并主持。

第七条　秘书长会议协商讨论问题，应充分发扬民主，广泛听取各种意见和建议。

第八条　除临时召集的会议外，秘书长会议议题一般应当提前通知。与会人员不能出席会议时，可对讨论的议题提出意见。

第九条　机关党组成员、各专门委员会驻会副主任，办公厅研究室和有关局级单位负责人列席秘书长会议。可根据会议内容，邀请未担任本会副秘书长的民主党派中央和全国工商联负责人列席秘书长会议。

第十条　根据工作需要，召开秘书长办公会议。秘书长办公会议由秘书长或秘书长委托的副秘书长召集并主持，有关副秘书长、机关党组成员、各专门委员会驻会副主任出席，办公厅研究室和各局级单位负责人列席。会议议题由秘书长决定。

会议的主要任务是传达、学习有关文件，研究办理主席、副主席交办的工作事项，研究提交秘书长会议审议的有关文件和有关事项，协调和处理机关各单位的工作关系，讨论和决定机关日常工作。

第十一条 秘书长会议和秘书长办公会议均须作记录，并编印会议纪要报送主席、副主席，印发秘书长、副秘书长、机关党组成员、各专门委员会驻会副主任、办公厅研究室和各局级单位及有关人员。会议纪要由秘书长或秘书长委托的副秘书长签发。

第十二条 本工作规则经主席会议审议批准后实行。

中国人民政治协商会议
全国委员会专门委员会通则

（1995 年 6 月 5 日政协第八届全国委员会常务委员会第十三次会议通过　1999 年 3 月 1 日政协第九届全国委员会常务委员会第四次会议修订　2005 年 2 月 28 日政协第十届全国委员会常务委员会第八次会议修订　2015 年 6 月 17 日政协第十二届全国委员会常务委员会第十一次会议修订　2018 年 11 月 29 日政协第十三届全国委员会常务委员会第四次会议修订）

第一章　总　　则

第一条　为进一步推进中国人民政治协商会议全国委员会专门委员会（以下简称专门委员会）工作的制度化、规范化和程序化建设，根据《中国人民政治协商会议章程》及有关规定，制定本通则。

第二条　专门委员会是常务委员会和主席会议领导下的工作机构，是政协联系委员的重要纽带，是政协履行职能的重要载体，在政协工作中发挥基础性作用。

第三条　专门委员会以马克思列宁主义、毛泽东思想、邓小平理论、“三个代表”重要思想、科学发展观、习近平新时代中国特色社会主义思想为指导，高举爱国主义、社会主义旗帜，坚持中国共产党领导的多党合作和政治协商制度，贯彻长期共存、互相监督、肝胆相照、荣辱与共的方针，围绕团结和民主两大主题，发挥联系广泛、人才聚集的优势，积极协调关系、汇聚力量、建言献策、服务大局，认真履行政治协商、民主监督、参政议政职能，为统筹推进“五位一体”总体布局和协调推进“四个全面”战略布局、实现“两个一百年”奋斗目标、实现中华民族伟大复兴的中国梦而奋斗。

第二章　工 作 任 务

第四条　组织委员学习中国特色社会主义基本理论、基本路线、基本方略，学习中华人民共和国宪法和法律法规，学习中国人民政治协商会议章程和人民政协理论，学习国家各项方针政策和经济社会发展等知识，牢固树立政治意识、大局意识、核心意识、看齐意识，坚定道路自信、理论自信、制度自信、文化自信，广泛凝聚共识，夯实团结奋斗的共同思想政治基础。

第五条　根据政协全国委员会和常务委员会会议精神及年度协商计划，围绕政协全体会议、专题议政性常委会议、专题协商会、双周协商座谈会议题和本专门委员会对口协商、界别协商、提案办理协商等工作任务，组织委员开展调查研究，形成调研报告、发言材料或提出提案、反映社情民意信息，开展网络议政、远程协商，协助政协办公厅组织各类协商议政活动。

第六条　围绕国家宪法、法律和法规的实施，重大方针政策、重大改革举措、重要决策部署的贯彻执行情况，涉及人民群众切身利益的实际问题解决落实情况，国家机关及其工作人员的工作等，通过提案、建议、报告和开展专项监督性调研等形式，开展民主监督。

第七条 围绕国家经济建设、政治建设、文化建设、社会建设、生态文明建设中的重要问题以及人民群众普遍关心的问题，组织开展专题调研、召开座谈会或研讨会等多种形式的参政议政活动，通过调研报告、提案、社情民意信息等形式，向党和国家机关提出意见和建议。

第八条 团结、联系、服务参加人民政协的各党派团体和各族各界人士，开展或协助开展委员视察、考察、宣讲和学习座谈等活动，宣传政策，增进共识，广泛联系和动员各界群众，维护民族团结、宗教和谐、社会稳定。促进海内外中华儿女大团结，推进祖国和平统一，广泛凝聚实现中华民族伟大复兴的强大力量。加强对外友好往来与合作，推动构建人类命运共同体。

第九条 加强履职能力建设，强化委员学习教育培训，帮助委员知情明政，引导委员懂政协、会协商、善议政，守纪律、讲规矩、重品行，提高政治把握能力、调查研究能力、联系群众能力、合作共事能力，发挥委员在本职工作中的带头作用、政协工作中的主体作用和界别群众中的代表作用，履行好工作职责，树立良好社会形象。建设应用型智库，更好发挥决策咨询作用，提高政协履职水平和工作实效，推进人民政协理论创新、工作创新、制度创新。

第三章 组织制度

第十条 专门委员会坚持中国共产党的领导，中共政协全国委员会党组在各专门委员会设立分党组，发挥领导核心作用，加强思想政治引领。

第十一条 专门委员会的组成，应按照有利于联系各界、各方面人士，自愿、协商和便于组织经常性活动的原则，统筹安排。

第十二条 每届专门委员会的设立一般应在当届政协第一次常务委员会会议上确定。专门委员会的组成人员原则上为全体委员的30%左右，非中共委员要占一定比例。各专门委员会一般由50~100人组成，设主任1人，驻会副主任1人，副主任若干人。工作领域较宽的委员会可适当增加组成人员。

第十三条 专门委员会人选从政协全国委员会委员中产生，一般应具有相关工作经历和专业知识。人选由政协全国委员会秘书长会议提出，征得本人同意后，委员由主席会议审定，主任、副主任由常务委员会决定任命。专门委员会组成人员需变更时，按相关程序办理。专门委员会主任会议对本委员会委员的变更可提出建议。

第十四条 根据工作需要，专门委员会可采取适当方式邀请非本专门委员会的政协全国委员会委员参加活动，可联合各民主党派中央和全国工商联、各人民团体及其他相关机构，开展调研，建立参政议政人才库。

第十五条 每届政协第一次全体会议成立的提案审查委员会，闭会后根据情况作必要调整，经常务委员会会议审议通过，作为提案委员会列入专门委员会序列。

第四章 工作制度

第十六条 根据工作需要，全国政协副主席联系相关专门委员会。

第十七条 专门委员会每年定期向常务委员会和主席会议报告工作。专门委员会全体会议审议本委员会年度工作计划、总结及其他重要事项，一般每半年召开一次，由主任或主任委托的副主任主持。

第十八条 专门委员会主任会议审议提交本委员会全体会议审议的文件和重要事项，研究审定本委员会重点调研方案和调研报告，审定本委员会提交的提案、大会发言，研究并提出届中变更本委员会委员的建议名单。主任会议根据工作需要召开，由主任或主任委托的副主任主持。

第十九条 专门委员会工作由主任主持，副主任协助主任工作，驻会副主任协助主任负责日常工作。政协全国委员会秘书长或秘书长委托的副秘书长负责协调专门委员会工作。

第二十条 专门委员会工作应发扬民主、充分协商，注重发挥委员主体作用。各专门委员会根据自身特点和工作任务、工作领域等，分别联系相关界别委员，广交朋友，深交朋友。组织界别委员开展调研、视察、考察、协商、研讨、学习座谈等活动，反映所联系的社会各界群众的愿望和诉求。赴各地开展活动时注意吸收当地的政协全国委员会委员参加。

第二十一条 以专门委员会名义形成的报告、请示件等，由主任或主任委托驻会副主任审定；重大问题可经秘书长提请主席办公会议、主席会议或常务委员会会议审议。提请以政协全国委员会或政协全国委员会办公厅名义发出的文件，按规定程序办理。

第二十二条 专门委员会应按程序与党政有关部门、各民主党派中央和全国工商联、各人民团体及有关机构加强情况沟通，密切工作联系。

第二十三条 专门委员会应加强与地方政协相关专门委员会的联系，通过召开会议等方式，沟通情况，交流经验，指导工作。涉及国家和地方相关领域工作的重要问题，可开展联合调研、委托调研或专题研讨，形成工作合力。

第二十四条 专门委员会组织调研等活动，要严格执行中央八项规定精神，深入基层，联系群众，广泛听取并反映各方面意见。

第二十五条 专门委员会加强对本委员会委员的管理，认真执行委员请假制度，协助政协办公厅做好委员履职统计等工作，完善委员履职评价和激励机制。

第五章 办事机构

第二十六条 政协全国委员会办公厅根据精简、统一、效能原则，设立相应的办事机构，为专门委员会服务。

第六章 附 则

第二十七条 本通则自常务委员会会议通过之日起施行。

全国政协关于进一步提高协商议政质量的意见（试行）

（2019年2月26日政协第十三届全国委员会第十六次主席会议通过）

为深入贯彻落实习近平总书记关于加强和改进人民政协工作的重要思想，进一步提高新时代人民政协协商议政质量，发挥好人民政协作为社会主义协商民主专门协商机构作用，推动人民政协这一具有中国特色的制度安排更加成熟更加定型，依据《中国人民政治协商会议章程》和有关文件精神，结合工作实际，提出如下意见。

一、指导思想和基本原则

1. 指导思想。以习近平新时代中国特色社会主义思想为指导，深入贯彻落实习近平总书记关于加强和改进人民政协工作的重要思想，坚持中国共产党领导的多党合作和政治协商制度，坚持人民政协性质定位，牢牢把握团结和民主两大主题，通过大力加强协商议政质量建设，努力实现从偏重数量和形式向注重质量和效果转变，使人民政协工作不断适应新时代党和国家事业发展新要求，不断顺应各族各界群众新期待，把中国共产党的主张转化为社会各界的共识，切实担负起把中共中央的决策部署和对人民政协工作的要求落实下去、把海内外中华儿女实现中华民族伟大复兴中国梦的智慧和力量凝聚起来的政治责任，为完成中共十九大提出的目标任务共同奋斗。

2. 基本原则。坚持中国共产党的领导，确保正确的政治方向；坚持人民政协性质定位，切实履行政治协商、民主监督、参政议政职能；坚持围绕中心、服务大局，紧扣党和国家中心任务和改革、发展、稳定重要问题协商议政；坚持双向发力，在建言资政的同时加强思想政治引领，广泛凝聚共识；坚持质量优先，把提质增效贯穿履职工作全过程和各方面；坚持既继承传统又开拓创新，不断探索完善人民政协制度。

二、目标要求

3. 政治坚定。增强“四个意识”，坚定“四个自信”，坚决维护习近平总书记的核心地位，坚决维护中共中央权威和集中统一领导，在政治立场、政治方向、政治原则、政治道路上同以习近平同志为核心的中共中央保持高度一致，确保中共中央决策部署在政协各项工作中得到不折不扣的贯彻落实。

4. 以人民为中心。以实现好、维护好、发展好最广大人民根本利益为出发点和落脚点，以解决不平衡不充分的发展问题、满足人民日益增长的美好生活需要为着力点，反映人民群众呼声，顺应人民群众意愿，协助党和政府破解民生难题、增进人民福祉，做到人民政协为人民。

5. 发挥特色优势。立足政协性质定位，扬长避短，充分发挥政协代表性强、联系面广、包容性大、人才荟萃的优势，鼓励委员有序表达意见诉求，积极建言资政，广泛凝聚共识。

6. 建言科学。一切从实际出发，实事求是，准确掌握情况，深入研究问题，客观分析原因，力求把握事物本质，提出符合客观事物发展规律的意见建议，为科学决策提供有价值的参考。

7. 富有实效。围绕党和国家重要决策部署，立足经济社会长远发展，提出的意见建议既有助于党和政府发现问题、解决问题、改进工作、完善政策，又有助于在协商议政过程中加强思想政治引领，促进各党派团体、各族各界委员之间的思想沟通，凝聚共识，并面向社会广泛联系群众，做好统一思想、宣传政策、解疑释惑、理顺情绪、化解矛盾的工作，广泛凝聚智慧和力量。

三、路径方法

8. 强化理论武装。坚持以党的创新理论武装头脑是提高协商议政质量的思想政治基础。必须深入学习贯彻习近平新时代中国特色社会主义思想，学习习近平总书记关于加强和改进人民政协工作的重要思想，掌握中国共产党的基本理论、基本路线、基本方略，领会核心要义和精神实质，把握正确政治方向和政治原则，善于运用贯穿其中的马克思主义立场观点方法观察问题、分析问题、解决问题。

坚持理论联系实际，进一步完善以全国政协党组理论学习中心组学习为引领，主席会议和常委会会议集体学习、委员学习研讨等相配套的学习制度体系。建立习近平新时代中国特色社会主义思想学习座谈会制度，结合工作中的重大理论和实践问题推动理论学习不断深化。建立务虚会制度，对理论武装和人民政协工作定期进行分析、研究。建立以自我教育、自我提高为主旨的党外委员专题视察和学习座谈制度，不断增强对中国共产党和中国特色社会主义的政治认同、思想认同、理论认同、情感认同，不断夯实团结奋斗的共同思想政治基础。可在有条件的地方政协，建立习近平总书记关于加强和改进人民政协工作的重要思想研究基地。

9. 掌握方针政策。掌握政策是提高协商议政质量的重要条件。委员要增强政策意识，主动了解、认真学习党和国家方针政策和决策部署，为更好履职打牢政策基础。建立健全政策通报宣讲制度，定期组织重点关切问题通报会。党和国家重大方针政策出台后，及时邀请有关部门介绍政策出台背景、主要内容，组织开展政策宣讲。完善情况通报制度，开展协商议政活动前，邀请相关部门介绍有关情况、重点问题，帮助委员知情明政；有关承办单位要向委员提供相关政策文件和资料，组织委员认真学习理解相关方针政策。完善网络履职平台，积极通过网络宣传政策、解答问题。探索建立网上政策资料数据库，为委员掌握方针政策、更好履职尽责提供便利。

10. 切实选准议题。精准选题是提高协商议政质量的重要前提。要围绕统筹推进“五位一体”总体布局、协调推进“四个全面”战略布局，聚焦全面深化改革中的重大问题和人民群众最为关切的问题，开展协商议政。协商议题要同协商形式相匹配。对一些重大协商议题，要综合运用不同协商议政形式，做到相互衔接、形成合力，提高整体效能。

要建立健全年度协商计划选题机制。广泛征集全体委员、专门委员会、党派团体、地方政协以及主要新闻媒体等的选题建议，高度重视通过网络征集选题。各专门委员会在提出选题建议的过程中，要征求有关部门意见，并召开专门会议进行研究论证，然后按程序报批。在汇总各方意见基础上，全国政协党组研究提出重点协商议题安排，并征求中共中央办公厅、国务院办公厅意见建议后，办公厅起草年度协商计划草案，按程序提请主席会议审议后报中共中央审定。

11. 深入调查研究。调查研究是提高协商议政质量的重要环节。要严格按照中共中央办公厅《关于加强调查研究提高调查研究实效的通知》和《全国政协加强和改进调研工作实施办法》的要求，深入扎实开展调研，努力做到不经过调查研究不议政。

要切实做好调研前的各项准备工作。在认真学习掌握相关政策基础上，深入梳理情况问题，科学确定调研题目，精心组织调研力量，反复研究调研提纲，周密设计调研方式。依托专门委员会开展的专题调研，要突出专业导向，吸收有专长的委员和专家参加调研组，组织委员立足自身行业和领域，发挥专业特长和独特优势，从最了解、最熟悉的方面建言资政，力戒形式主义。要选好配强调研组长，重要专题调研由全国政协主席会议成员带队。委员视察由全国政协主席会议成员担任视察团团长，邀请在相关领域有研究的委员、利益相关方和视察所在地的委员参加。适当增加京外委员考察次数。

要全面准确掌握第一手材料。综合运用网络调查与实地调查相结合、座谈交流与个别了解相结合、定向调查与随机走访相结合、典型解剖与抽样分析相结合等方式，特别是要善于运用大数据等现代信息技术手段收集、掌握客观情况信息。要多到条件艰苦、情况复杂的地方去，深入基层、深入一线，用心座谈走访、细心摸清情况，认真听取各方面意见，及时反映社情民意。对重要数据和材料要加以核实，努力使了解的情况信息全面客观准确。

要加大研究论证力度。在深入调查的同时，要及时交流、深入研讨，对调查材料进行分析研究，必要时召开内部研讨会或研究论证会，努力形成具有普遍性、趋势性和规律性的认识，提出针对性强的意见建议。调研组长负责组织起草调研报告，成立以委员为主体的报告起草班子，委员按分工亲自撰写相关内容。报告稿要征求调研组成员的意见，集思广益，认真修改，确保质量。

要拓展调查研究的广度和深度。建立富有政协特色的应用型智库，对一些具有长期性、战略性、基础性的重大问题持续跟踪研究。研究建立同民主党派和人民团体的联合调研机制、同专门研究机构和智库联系合作机制，充分利用政协内外的研究资源。建立参政议政人才库，为政协履行职能提供人才保障。探索建立调研基地。探索建立委员自行调研的课题申报评选机制和相应的组织、经费保障机制，进一步调动委员履职积极性。鼓励委员在本职工作中了解情况、研究问题、反映意见。

12. 充分协商讨论。坚持有事好商量、有事多商量、有事真商量是提高协商议政质量的关键步骤。要把协商民主贯穿履职全过程，以协商质量的提升促进思想共识的凝聚、建言质量的提高。做好事先协商，精心制定协商方案，主动就重点问题与有关部门提前沟通协商。加强事中协商，鼓励委员充分发表意见建议，引导委员之间、委员与有关部门之间积极互动交流，促进不同思想观点交流交锋交融，努力找出对策、形成共识。注重事后协商，跟踪了解协商成果落实情况，对协商议政中发现的问题加以研究，继续与有关部门沟通协商，切实推动问题解决。要积极探索完善网络议政、远程协商等新形式，更加经常有效地开展提案办理协商、对口协商、界别协商，增加协商密度，扩大参与广度。

13. 营造良好氛围。营造既畅所欲言、各抒己见，又理性有度、合法依章的协商氛围是提高协商议政质量的重要保证。协商议政要坚持民主协商、平等议事、求同存异、体谅包容，坚持“不打棍子、不扣帽子、不抓辫子”的方针，继承发扬“团结—批评—团结”的优良传统，鼓励委员在深入调查研究基础上讲真话、道实情、建诤言，知无不言、言无不尽，勇于提出建议和批评。

要创造协商议政的良好社会氛围。建立和完善评选表彰制度，积极宣传政协组织、政协委员协商议政的生动实践和突出成效，推动形成全党全社会重视和支持人民政协开展协商议政活动的良好环境。

14. 积极跟踪反馈。及时报送成果并跟踪反馈是协商议政取得实效的重要方法。要按规定程序及时将协商议政成果报送中共中央、国务院和有关部门。重要协商会议成果报告稿，要集中反映会议在建言资政、凝聚共识两方面的成果，按程序审批后，以全国政协党组名义报送中共中央。

要建立完善全国政协办公厅与中共中央办公厅、国务院办公厅的沟通机制，推动协商议政成果的反馈和落实。建立专门委员会与有关部门沟通机制，对协商议政成果转化情况进行跟踪，对有承诺的协商事项要明确专人联系有关部门，及时了解进展情况；对跟踪过程中发现的新情况新问题，要跟进研究；对相关部门采纳落实意见建议的情况，要及时向成果报送者和委员反馈。

15. 加大公开力度。向社会公开是促进协商议政质量提高的重要举措。建立完善协商议政活动的公开制度，进一步加大专题议政性常委会会议、专题协商会、双周协商座谈会以及有关分组讨论等向媒体开放的力度。建立协商议政成果公开制度，有序推进协商议政成果和有关内容向社会公开。

四、保障措施

16. 切实加强党的领导。全国政协党组、机关党组和专门委员会分党组要加强领导，把提高协商议政质量摆到更加突出的位置，确立质量优先的工作导向，及时研究部署相关重大任务，听取重点工作汇报，研究解决影响协商议政质量提高的突出问题。要认真落实好全国政协党组贯彻落实党的建设工作各项制度，以理论武装、政治引领、党的建设的新成效，促进协商议政质量的不断提高。

17. 推进专门委员会建设。专门委员会在提高协商议政质量中发挥基础性作用。适应新时代新使命新要求，专门委员会在谋划推动工作时，要牢固树立质量意识和精品意识，向常委会和主席会议报告工作注重突出质量导向，重点报告协商议政的成效，真正把全国政协党组关于提质增效的部署和要求落实到位。要适时召开专门委员会工作会议，探讨工作特点和规律，研究讨论加强新时代专门委员会建设、提高工作质量和水平的举措。全国政协主席会议成员要加强对所联系专门委员会工作的联系和指导。

18. 提高履职能力。建立完善委员学习培训制度，以学习习近平新时代中国特色社会主义思想为重点，组织委员认真学习中国共产党的基本理论、基本路线、基本方略和政协基本知识，广泛学习政治协商相关领域知识。委员要着力在协商议政实践中磨练自己、提高能力，学会站在全局高度议政，多提高水平建议、尊重和包容不同意见，树立协商理念、培育协商精神，既敢于协商、又善于协商，努力把握协商要义和方法，全面提高政治把握能力、调查研究能力、联系群众能力、合作共事能力。

19. 强化履职责任。建立完善全国政协党组成员点评党员常委履职建言制度，引导委员做好“委员作业”、常委交好履职报告。建立协商议政质量评价体系，将委员参加会议、调研、视察、考察活动和提交提案、大会发言、反映社情民意信息等情况，纳入委员履职档案，把工作质量作为点评考核的重要依据。要完善相关制度机制，不断提高委员把握政协新方位新使命、开拓政协工作新局面的自觉性，强化自我激励和自我约束，努力成为合格的人民政协制度参与者、实践者、推动者。

20. 完善服务保障。扎实推进全国政协机关和机关干部队伍建设，树立正确选人用人导向，优化干部队伍结构，完善考核机制，提升干部能力素质，建设让党中央放心、让人民群众满意的模范机关，为提高协商议政质量提供有力保障。建立健全有关工作制度，规范服务内容，优化服务流程，提高服务水平。加快推进信息网络基础设施建设，大力提升服务履职的信息化水平。坚持全国地方政协秘书长年度工作会议制度，加强对地方政协工作的指导，鼓励地方政协结合工作实践开展创新探索。

图书在版编目（CIP）数据

政治协商工作相关规定学习手册 / 中国法制出版社编 .— 2 版 .— 北京：中国法制出版社，2023. 5
（党内法规学习手册系列）
ISBN 978-7-5216-3411-2

Ⅰ. ①政… Ⅱ. ①中… Ⅲ. ①中国人民政治协商会议-工作条例-学习参考资料 Ⅳ. ①D627

中国国家版本馆 CIP 数据核字（2023）第 065235 号

责任编辑：李宏伟　　　　封面设计：杨鑫宇

政治协商工作相关规定学习手册

ZHENGZHI XIESHANG GONGZUO XIANGGUAN GUIDING XUEXI SHOUCE

经销/新华书店
印刷/三河市国英印务有限公司
开本/880 毫米×1230 毫米　32 开　　　　印张/ 8. 25　字数/ 152 千
版次/2023 年 5 月第 2 版　　　　2023 年 5 月第 1 次印刷

中国法制出版社出版
书号 ISBN 978-7-5216-3411-2　　　　定价：38. 00 元

北京市西城区西便门西里甲 16 号西便门办公区
邮政编码：100053　　　　传真：010-63141600
网址：http：//www. zgfzs. com　　　　**编辑部电话：010-63141804**
市场营销部电话：010-63141612　　　　**印务部电话：010-63141606**

（如有印装质量问题，请与本社印务部联系。）